W0065032

Karl-Martin Dietz

Dialog

Die Kunst der Zusammenarbeit

Menon

1. Auflage 1998
2., durchgesehene Auflage 2001

Die Deutsche Bibliothek – CIP-Einheitsaufnahme
Dietz, Karl-Martin:
Dialog : die Kunst der Zusammenarbeit / Karl-Martin Dietz. –
Heidelberg : Menon-Verlag, 1998
ISBN 3-921132-13-4

© 1998 by
Menon Verlag GmbH,
Hauptstraße 59, 69117 Heidelberg,
Telefon 06221-21350, Fax 06221-21640.

INHALT

VORWORT

Dieses Buch ist praxisbezogen. Grundzüge und Aktualität des Individualismus habe ich beschrieben in „Gemeinschaft durch Freiheit" (1996). Seit mehreren Jahren bin ich nun an Versuchen beteiligt, neue Kooperations- und Führungsformen in Einrichtungen des Geisteslebens und in Wirtschaftsunternehmen zu realisieren. Dabei taucht immer wieder die Frage auf: Wie geht es *wirklich*? Wie lassen sich für dasjenige, was als Idee einleuchtet, konkrete Maßnahmen finden? Die Herausforderung besteht vor allem darin, daß es mit „Umstrukturierungen" nicht getan ist. Vielmehr ist eine Neuorientierung gefordert, die von den Beteiligten innerlich mitvollzogen und gelebt werden kann.

Dadurch erweitert sich der übliche Begriff von „Praxis". Als „praktisch" kann hier nicht nur das verstanden werden, was ohne viel Nachdenken und Engagement ausgeführt werden kann (Maßnahmenkataloge, Techniken usw.). Auf dem Felde der Zusammenarbeit und der Führung sind die einzelnen Tätigkeiten jederzeit individuell zu gestalten und zu verantworten. Hier geht es um praktische Bewußtseinsleistung. Worin diese besteht, schlägt sich am deutlichsten in den Kapiteln „Dialog" und „Stufen geistiger Aktivität" nieder.

Ich hatte zunächst Zweifel, ob eine schriftliche Darstellung überhaupt weiterhelfen würde. Aber es hat sich gezeigt, daß sie auch für das praktische Handeln wichtig sein kann. Zur individuellen Freiheit, aus der die Arbeitszusammenhänge gestaltet werden, gehört die fortwährende gedankliche Auseinandersetzung. Denken und Handeln sind hier nicht zu trennen, denn die neuen Arbeitsweisen vertragen kein Planungsverhalten im gewohnten Sinne. Man kann nicht vorab einen Entwurf machen, der dann Zug um Zug umgesetzt würde. Sollen individuell gestaltete Sozialprozesse die festen Strukturen ersetzen, so kann das Handeln nur evolutionär sein. Ein Handlungsschritt ergibt sich aus dem anderen; bei jedem einzelnen ist das Ganze im Blick. Die jeweils gemachten Erfahrungen bestimmen den nächsten Schritt mit. Dadurch entsteht fortwährend eine Spannung zwischen Idee, Erfahrung und Handlung. Auch aus diesem Grund schien es sinnvoll, die gedankliche Auseinandersetzung durch eine zusammenhängende Darstellung zu erleichtern. – Nicht zuletzt geht es in diesem Buch auch darum, bis in Beispiele hinein Anregung zu einer dialogischen Zusammenarbeit zu geben.

Das Anliegen bringt es mit sich, daß die einzelnen Kapitel des Buches sich in ihrem Charakter unterscheiden. Zunächst wird vor dem Hintergrund der Bewußtseinsentwicklung beschrieben, worin die Aufgabe besteht („Individualismus als Sozialprinzip"). Dann folgt eine Charakterisierung der vier Sozialprozesse, die an die Stelle traditioneller Strukturen, Regeln und Vorschriften treten („Begegnung", „Transparenz", „Beratung", „Entschluß"). Daran anschließend werden die inneren Zugriffe erläutert, die in den sozialen Prozessen gefordert und zugleich gefördert werden („Dialog", „Stufen geistiger Aktivität"). Sie durchziehen und ermöglichen die vier Prozesse. Die beiden letzten Kapitel sollen eine praktische Umgestaltung bei laufendem Betrieb erleichtern („Basiswissen", „Strukturen im Übergang").

Die Kapitel des Buches bauen aufeinander auf. Um sie trotzdem auch einzeln lesbar zu machen, wurden leichte Überschneidungen in Kauf genommen. Wer sich rasch informieren will, worum es geht, könnte zunächst die Kapitel „Individualismus", „Beratung" und „Dialog" lesen.

Vielfältige Förderung erfuhr das Buch durch Gespräche mit Seminarteilnehmern in Wirtschaftsunternehmen und Waldorfschulen, die um eine praktische Neugestaltung ihrer Zusammenarbeit bemüht sind. Darüber hinaus kamen mehrere Kapitel des Buches in verschiedenen Arbeitszusammenhängen des Friedrich von Hardenberg Instituts für Kulturwissenschaften zur Sprache. Die Anregungen schließlich, die ich dem Werk Rudolf

Steiners verdanke, gehen weit über das hinaus, was durch einzelne Bezugnahmen dokumentiert werden könnte.

Das Manuskript wurde erstellt in Zusammenarbeit von Sigrid Butler, Patricia Eberle, Heike Schäle und Rose-Margret von Skerst. Heike Schäle besorgte außerdem die Herstellung. Meine Frau, Brigitte Dietz, entwarf die Titel-Vignette. Ihnen allen sei hiermit ganz herzlich gedankt!

Heidelberg, den 27. Februar 1998

Karl-Martin Dietz

Gemeinschaft kommt nicht trotz
der Individuen zustande,
sondern durch sie.

1.

INDIVIDUALISMUS ALS SOZIALPRINZIP

In Bertold Brechts „Leben des Galilei" gibt es eine ergreifende Szene: Im Auftrag und in Anwesenheit des Großherzogs von Toscana begutachten einige Professoren der Universität Galileis Fernrohr, durch das er die Jupitermonde entdeckt hat. Diese Monde sind winzige Details im Kosmos. Doch widerspricht ihre Existenz dem bis dahin gültigen Weltbild: Wenn es diese Monde gibt, dann gibt es keine Kristallschalen, an denen die Planeten sich bewegen. Deswegen ist die Entdeckung so umstürzend. Die Herren bringen ihre Einwände vor. Sind Sterne möglich, die im Himmel keine Stütze haben? Sind solche Sterne nötig? Stören sie nicht die Harmonie des Himmels? Welche Gründe sollte es geben, freischwebende Sterne anzunehmen? „Nach der Ansicht der Alten sind Sterne nicht möglich, die um einen anderen Mittelpunkt als die Erde kreisen, noch solche Sterne, die im Himmel keine Stütze haben" (Brecht S. 53). Galilei lädt nur immer dazu ein, doch selbst durch das Fernrohr zu schauen und sich von der Wirklichkeit zu überzeugen. Doch gerade das tun die Herren nicht. Lieber insinuiert man, daß die Sterne, die Galilei zu sehen vorgibt, im Fernrohr stecken könnten und nicht am Himmel. Schließlich trennt man sich ergebnislos. Galilei mußte in der Folge widerrufen, was jeder mit eigenen Augen hätte sehen können. Erst dreieinhalb Jahrhunderte später wurde der letzte Widerstand gegen Galileis Entdeckung aufgegeben. Im Jahr 1979 wurde Galilei von Papst Johannes Paul II. rehabilitiert.

Könnte es sein, daß es auch heute „Fernrohre" gibt, durch die hindurchzuschauen man sich hartnäckig weigert? Und daß es allgemein akzeptierte Interpretationen gibt, die das, was man hier entdecken könnte, wegdiskutieren? – Galileis Revolution galt dem Blick in den physischen Kosmos. Im Laufe unseres Jahrhunderts ist, lange vorbereitet, noch etwas anderes in den Vordergrund des Interesses getreten: die menschliche Persönlichkeit. Zunächst interessiert vor allem die *eigene* Person. Wie pflege ich mein Seelenleben, wie verstehe ich meine Biographie? Auf der anderen Seite wird zunehmend bemerkt, daß es da, wo Leistung gefragt ist, ohne die Förderung der Einzelpersönlichkeit nicht weitergeht. Hier bahnt sich eine grundlegende, der Galileischen vergleichbare Wende an (Leber S. 413). Gemeinschaftsleistungen kommen nicht dadurch zustande, daß man die einzelnen Menschen durch Gebote, Strukturen oder Regeln im Zaume hält, sondern durch eine weitgehende Entfaltung der individuellen Kräfte. Gemeinschaftsleistung entsteht durch individuelle Freiheit (Dietz 1996). Viele sehen heute bereits, daß Gemeinschaft im traditionellen Sinne nicht mehr funktioniert, manche ahnen auch, daß eine fundamentale Neubesinnung nötig ist (Beck 1995); aber nur wenige gehen an ihre Verwirklichung. Wer so etwas einführen will, dem wird meist ohne nähere Prüfung entgegengehalten: Jeder weiß doch, daß das nicht geht. Wem bei dem Gedanken an das „Ich" vor allem die Trotzphase seiner Kinder einfällt, wird daraus natürlich keine Gemeinschaftsfähigkeit ableiten wollen. Aber was hat er denn vom „Ich" wirklich gesehen? – Es ist hier ähnlich wie in Brechts „Galilei": Das Fernrohr ist aufgestellt – aber nur wenige schauen durch. Statt den Blick auf die menschliche Individualität zu wagen, entwickelt man lieber Vermeidungsstrategien. Die eine besteht darin, alles Individuelle für selbstverständlich subjektiv zu erklären: Die Sterne sind im Fernrohr, nicht am Himmel. Eine vom Subjekt unabhängige, „objektive" Welt gibt es nicht, oder sie ist nicht erkennbar. Alles, was der Mensch denkt und tut, dient letztlich nur der eigenen Person. Wissenschaftliche Methoden, Theorien und Systeme dienen der intelligenten Verbrämung dieses Sachverhalts. Der Mensch hat immer sich selbst zum Ziel, selbst wenn er es gar nicht merken sollte. Die andere, ebenso groß angelegte und wirksam gewordene Ablenkungsstrategie von der Individualität des Menschen besteht darin, ihn zu benutzen, ohne ihn ernst zu nehmen. Konditionierung (Lernmethoden, Psychotraining, Motivation usw.) und Manipulation (Marketing, Werbung, Wahlkämpfe usw.) versuchen, die einzelne Person vorgegebenen Zwecken dienstbar zu machen. Alle rechnen heute mit der menschlichen Persönlichkeit – aber nur wenige nehmen sie ernst. Statt des Fernrohrs hat man eigentlich eine Kanone aufgestellt, die auf die Individualität gerichtet ist. Freiheit, Menschenwürde und Selbstverantwortung liegen im Schußfeld. Und man braucht keineswegs in ferne Erdteile zu schauen, um solches wahrzunehmen.

Die Suche nach der Individualität des Menschen ist keine theoretische. Sie berührt unser aller tägliches Leben. So wie es bei Galilei nicht um die Jupitermonde als solche ging, sondern um das gesamte Weltbild, so geht es auch jetzt nicht nur darum, dem einzelnen Menschen durch humanitäre Gesinnung zu Geltung und Würde zu verhelfen, sondern es geht darum, die Bedeutung der Individualität für die Gesellschaft als ganze zu erkennen. Wenn Zusammenarbeit nicht mehr auf vorgegebener Strukturierung und Delegation beruht, in der dem einzelnen seine Stelle zugewiesen und abgegrenzt (oder von ihm erkämpft) ist, sondern wenn Zusammenarbeit bedeutet, aus individuellen Initiativen autonom zu kooperieren, dann gilt es, dafür die richtigen Prozesse zu entwickeln. Das gesamte Leben der Menschen verändert sich dadurch. Ob ich Impulse zum Handeln von außen erwarte oder meine Lebensziele in mir trage – dieser Unterschied mit allen seinen Folgen kann nicht groß genug gedacht werden.

Das Grundsätzliche dieser Wende wurde bereits an anderer Stelle dargelegt. Auch über die inneren Kräfte, die es hier zu entfalten gilt, wurde dort gesprochen (Dietz 1996). Im vorliegenden Buch geht es darum, wie diese Anforderung im sozialen

Leben verwirklicht werden kann. Was kann ich tun, um die Kräfte der Individualität für die Zusammenarbeit fruchtbar zu machen? – Zunächst soll ein bewußtseinsgeschichtlicher Abriß die Bedeutung dieser Wende erläutern.

Selbstverantwortung und Selbstführung statt Hierarchie

In der hierarchischen Führung nach dem Muster des alten Ägypten (Teichmann 1990) gehen alle Maßnahmen vom Pharao aus. Dieser hat auch den Überblick und trägt die Verantwortung. Seine Weisungen werden über die Verwaltungsebenen hinuntergereicht bis zur endgültigen Ausführung. Die Verwaltungsspitze bezieht ihre Legitimation von außerhalb. Der Pharao gilt als Gott. – Das hierarchische Prinzip gibt es bis heute. Die staatliche Bürokratie lebt davon; und auch in Unternehmen des Wirtschaftslebens bleibt es im Hintergrund bestehen und ermöglicht im Ernstfall rasche Zugriffe. [An die Stelle der legitimierenden Götter sind inzwischen allerdings die Kapitaleigner (shareholder) getreten.] Die geistige Produktivität der Unternehmensführung hängt jedoch – im Unterschied zum alten Ägypten – nicht mehr unmittelbar mit der hierarchischen Führung zusammen. Das Unternehmensgeschehen als solches wird immer mehr durch andere, partizipatorische Führungsformen bestimmt.

Die klassische Antike gilt als Geburtsstätte der Demokratie. Nachdem die auch in Griechenland ursprünglich herrschenden „Könige" ihren Aufgaben nicht mehr gewachsen waren – dies beschreibt schon Hesiod um 700 v. Chr. – tritt an die Stelle des einzelnen die Gruppe, die ihre Legitimation der Wahl durch alle freien Bürger verdankt. In der Gruppe werden einzelne Menschen mit einzelnen Aufgaben betraut, ohne Rücksicht auf ihre Herkunft. Prinzipiell ist jeder dazu veranlagt, Leistungen zu erbringen, die vorher nur für einzelne, Vorbestimmte in Betracht

13

kamen. An die Stelle der Autorität des *Einen* tritt nun die Berechtigung, an die Stelle der persönlichen Weisung die soziale Struktur. Das Prinzip der Gleichheit durchzieht diese Sozialform. Es durchzieht sie sogar so sehr, daß man einzelne Menschen aus dem Gemeinwesen entfernt hat, die aufgrund ihrer (gegebenenfalls durchaus positiven) Leistung für das Gemeinwesen aus der Masse der Mitbürger herauszuragen drohten. Das „Scherbengericht" (ostrakismos) konnte angesehene und besonders leistungsfähige Mitbürger aus Furcht vor Ungleichheit des Landes verweisen. Der Pferdefuß des demokratischen Prinzips zeigte sich von Anfang an und scheint bis heute nicht recht überwindbar: zu besonderen Leistungen lädt diese Sozialform nicht ein. Das eigentlich effektive Handeln geschieht nicht durch das Parlament, sondern durch die hierarchisch geführte Regierung. Deren demokratisch durchgeführte Wahl dient nur der Legitimation. – Gegenüber der uralten Hierarchie bedeutete die Demokratie jedoch zweifellos einen Fortschritt: Eine Satzung, für alle einsehbar und später auch von allen beeinflußbar, schreibt die Grundlagen des Zusammenlebens fest. Einzelne können Aufgaben übernehmen (Delegation), viele können sich an Wahrheits- oder Entscheidungsfragen beteiligen (Diskussion), und alle wirken bei der Entscheidungsfindung mit (Abstimmung).

Wie kann nun heute die demokratische Errungenschaft so weiterentwickelt werden, daß ihre Leistungsfeindlichkeit ebenso wie ihre hierarchischen Überreste überwunden werden? – Wie kann der einzelne von Gruppenzwängen befreit werden, um seine individuellen Fähigkeiten in den Dienst der Allgemeinheit zu stellen? Gibt es Möglichkeiten, den traditionell zementierten Gegensatz von „Ich" und „Wir" aufzulösen? Wie kann alles auf die Leistung der Individualität abgestellt und gerade *dadurch* das Wohl des Ganzen gefördert werden? An Stelle der auf Zeit privilegierten Gruppen tritt dann der einzelne. Er ist dazu aufgerufen, sein Bestes einzubringen. Wie aber entstehen dabei die *gemeinsamen* Leistungen, auf die es in der arbeitsteiligen Zivilisation mehr denn je ankommt? Wenn jeder

14

einzelne sich selbst, seine Fähigkeiten und nicht mehr nur seine gesellschaftliche Rolle einbringt, so nimmt die Vielfalt zu. Neue Regelungsprozesse werden notwendig. Zugleich aber vergrößert sich auch die Chance, Neues zu entwickeln. Jeder einzelne bestimmt nun seine „Rolle" selbst. Er ist weder „von Gott gesandt" noch durch Beauftragung legitimiert. Natürlich kann man dasjenige, was man als Beauftragung zu handhaben gewohnt war, für eine Übergangzeit so erweitern, daß schließlich die mit der Beauftragung verbundenen Begrenzungen unkenntlich werden und schließlich sogar individuelle Freiheit ermöglichen. Von „Beauftragung" zu sprechen verliert dann jedoch seinen ursprünglichen Sinn. Und in Wirklichkeit geht es um das Umgekehrte: nicht um Beauftragung oder Delegation durch andere, sondern um selbständig ergriffene Initiative. – Ist damit nun nicht der Willkür Tür und Tor geöffnet? Macht jetzt einfach jeder, was er will? – Voraussetzung des Individualismus ist eine Steigerung der Ichfähigkeit, heraus aus Isolation und Selbstbezogenheit, hin zu einer Integration mit der Welt. Damit aber verliert das Strukturdenken seine dominierende Funktion. Soziale Strukturen haben ihren Sinn darin, Freiräume zu schaffen und diese zugleich zu begrenzen. Initiatives Handeln würde jedoch durch vorgegebene Begrenzungen behindert. Wer geistige Produktivität und Initiative will, muß andere Formen der Zusammenarbeit suchen. Jeder muß nun seine Stelle selbst finden, sie wird ihm nicht mehr von höheren Instanzen verordnet. Und umgekehrt hängt die Gestaltung des Ganzen von jedem einzelnen ab. – Im Individualismus tritt an die Stelle von Strukturen die Gestaltung sozialer *Prozesse*. Was geschieht, geht von den einzelnen aus, betrifft aber auch alle anderen „einzelnen", die ihrerseits initiativ tätig sind. Wie kommt da Gemeinsames zustande? – Geht man in Zukunft mehr und mehr von der Autonomie der einzelnen Menschen aus, so schließen sich diese zu gemeinsamer Leistung zusammen. An die Stelle der Delegation durch übergeordnete Stellen tritt die *Kooperation* autonomer Individualitäten und bewirkt eine viel stärkere Gemeinsamkeit als jene. Kooperation erfor-

dert gegenüber der Delegation allerdings besondere Bereitschaft und besondere Befähigung.

Prozesse statt Strukturen: Das bedeutet Bewegung statt Auf-
enthalt, Wege statt Mauern. Der Ideen- und Tatenfluß gräbt sich
sein eigenes Bett, statt in vorbetonierte Kanäle geleitet zu werden. Prozesse sind veränderungsfreundlich, ohne daß erst Fest-
gefahrenes aufgeweicht werden muß. Sie ermöglichen Wechselwirkung und gemeinsames Lernen.

	Träger	*Willens-ausübung*	*Prinzip des Zusammen-wirkens*	*Sozialform*
Hierarchie	Der Eine Legitimation: Gott	Autorität	Verwaltung	Weisung
Demokratie	Die Gruppe Legitimation: die anderen (Wahl)	Abstimmung	Berechtigung Delegation	Strukturen
Individua-lismus	Jeder einzelne Legitimation: ich selbst	Initiative	Vereinbarung Kooperation	Prozesse

Man könnte vielleicht versucht sein, den Individualismus als
Gegensatz zur Demokratie zu verstehen. In Wirklichkeit aber
handelt es sich um eine Fortentwicklung der demokratischen
Grundsätze, um eine Art Radikalisierung dessen, was die De-
mokratie gegenüber der Hierarchie bereits an Individualisie-
rung gebracht hatte. Zum Beispiel: Nicht mehr die Gruppe (das
Kollektiv) ist Träger des Geschehens, sondern jeder einzelne.
„Abstimmung" heißt, daß meine Meinung mit-zählt; „Initiati-

16

ve" heißt, daß meine Tat als solche zur Geltung kommt. „Berechtigung" heißt, daß jemand (eine Gruppe) das Ganze überblickt, in dessen Teilbereich ich arbeite; „Kooperation" heißt, daß mehrere, die je an ihrer Stelle Leistungen erbringen, zusammen das Ganze in den Blick nehmen, also von einer immer noch verbliebenen Fremdbestimmung zur Selbstbestimmung übergehen. Hierarchie lebt durch den Willenszugriff weniger auf alle anderen; Individualismus erfordert den Willenszugriff jedes einzelnen auf sich selbst. „Strukturen" wirken wie geronnene Prozesse. In ihnen sind soziale Gesetzmäßigkeiten ebenso wie durch Abstimmung legitimierte Willensrichtungen festgeschrieben. Sie legen Verfahren fest. Prozesse *sind* solche Verfahren, die aber nicht vorab definiert sind und ständig der geistesgegenwärtigen Gestaltung der einzelnen bedürfen. – Einerseits also liegt zwischen Delegation und Initiative eine Wende, deren Ausmaß, wie oben dargelegt, nicht unterschätzt werden darf. Es ist die Wende hin zur geistigen Kraft des einzelnen Menschen als Träger der Zusammenarbeit. Andererseits vollendet diese Wende, was im Schritt von der Hierarchie zur Demokratie bereits veranlagt war. Individualismus ist zugleich die Vollendung der Demokratie. – Es sei angemerkt, daß es hier nur um den Aspekt der Arbeit, also des geistigen Lebens, geht. Für andere Bereiche des sozialen Organismus gelten andere Gesichtspunkte, zum Beispiel die Gleichheit aller vor dem Gesetz oder die Bedürfnisbefriedigung. Für die Arbeit und ihren Kernbereich, die geistige Produktivität, gelten die vorliegenden Überlegungen unabhängig davon, in welcher Organisation die Arbeit geleistet wird, ob es sich um ein Wirtschaftsunternehmen, eine Behörde oder eine kulturelle Organisation handelt. Kernaufgabe von „Führung" ist es im Zeichen des Individualismus, geistige Produktivität zu ermöglichen. Deren Voraussetzung ist die äußere und innere Selbständigkeit. Man arbeitet dann nicht „für andere" oder „für Geld", sondern findet in der Arbeit deren eigenen Sinn. Man funktioniert nicht für vorgegebene Ziele, sondern entwickelt seine Fähigkeiten. Und wer selbständig zur Wirklichkeit steht, braucht keine Anweisungen mehr. Er sieht das Notwendige, Sinnvolle und Mögliche selbst.

Dies und nichts anderes ist hier mit „Individualismus" gemeint. In den totalitären Systemen des 20. Jahrhunderts galt Individualismus als Todsünde gegen das „Volk" („du bist nichts, dein Volk ist alles") beziehungsweise die „Klasse" („die Partei hat immer Recht") (Weiteres bei Dörge 1959). Aber das Mißtrauen gegen den Individualismus ist bis heute nicht gewichen. So verwechselt man ihn mit Liberalismus (was dem einzelnen nützt, nützt auch der Gemeinschaft) und versucht ihm neuerdings einen Kommunitarismus entgegenzusetzen, der gemeinschaftliche Werte hochzuhalten bestrebt ist. Dem hier gemeinten Individualismus sind jedoch die gemeinschaftlichen Werte inhärent, sie sind aus ihm entwickelt und werden durch ihn gewährleistet. Dieser Individualismus ist nicht antisozial und nicht egoistisch, vielmehr wird die soziale Kraft durch ihn erst erzeugt. Im Zentrum der sozialen Kraft des Individualismus steht dasjenige, was hier als „Dialog" bezeichnet wird. Dialog meint weit mehr als eine Verhaltens- oder Gesprächsform. Das wird in dem entsprechenden Kapitel deutlicher werden. Um die Kraft des Dialogischen entfalten zu können, ist es notwendig, die anschließend charakterisierten drei Stufen geistiger Aktivität zu unterscheiden und zu beherrschen. Die beiden Kapitel über den Dialog und die Stufen geistiger Aktivität bilden daher den Kern des Buches. Danach folgen noch einige Überlegungen über die Voraussetzungen dialogischer Führung und über die Umwandlung bereits bestehender Arbeitsformen. Zunächst aber geht es darum, den Blick auf die Prozeßabläufe und ihre Eigenschaften zu richten. Es sind im Wesentlichen vier: individuelle Begegnung, Transparenz, Beratung und Entschluß.

Jeden so sehen, als hätte man
ihn schon hundertmal gesehen
und sähe ihn zum ersten Male

Elias Canetti (1961)

2.

BEGEGNUNG

Wie individuell ist eigentlich der Mensch? Gemeinhin genügen bei Meinungsumfragen wenige Auswahlprinzipien, wie Alter, Beruf, Geschlecht, Bildung und Wohnort, um den Ausgang einer Wahl bis hinter das Komma genau vorherzusagen. Bestätigt das nicht die herrschenden Theorien, nach denen der Mensch determiniert ist, sei es durch Vererbung, frühkindliche Prägung oder durch Umwelteinflüsse? – Wer individuelle Begegnung sucht, schwimmt zweifellos gegen den Strom. „Wie wird ein Subjekt vergesellschaftet?" ist eine Kernfrage der heute so erfolgreichen Sozialpsychologie (Keupp 1994). Die Frage des Individualismus lautet umgekehrt: „Wie wird eine Gesellschaft individualisiert?" Es gibt ja überhaupt keine „einzelnen" Menschen, die nicht schon der Gesellschaft angehören, die man ihr erst noch einfügen könnte. Durch „Individualisierung" kommt der einzelne dazu, wirklich individuell zu handeln, dabei seine gesellschaftlichen und emotionalen Prägungen beherrschen zu lernen und zugleich Zusammenarbeit zu ermöglichen. Wie wird Gemeinschaft bewußt gestaltet und nicht nur erlitten? Wie entsteht Zusammenarbeit, ohne in Gruppeninteressen zu ersticken? Wie vereinigt man sich zu gemeinsamen Vorhaben?

Daß es durchaus noch anderes gibt als nur ein selbstbezogenes „Selbst", ist an anderer Stelle dargelegt worden (Dietz 1994). Was kann ich tun, um den anderen Menschen als geistige Individualität zu erfahren und ernst zu nehmen, anstatt ihn zum Gegenstand gruppen- oder rollenspezifischer Betrachtung zu machen? Nach „Pluralisierungs-, Individualisierungs- und Entstandardisierungsprozessen" fragt auch die soziologische Identitätsforschung (Keupp/Höfer 1994, S. 34). Identitätsstiftung, nicht Abgrenzung ist Kernanliegen des Individualismus. Damit ist aber ein dreifaches Problemfeld aufgebrochen. Es geht erstens darum, Identität nicht mit dem Erscheinungsbild der eigenen Person zu verwechseln: daß ich mit mir identisch bin, müßten sonst vor allen Dingen die anderen bemerken, etwa an meinem originellen Lebensstil („lifestyle"). „Erscheinung" tritt an die Stelle von „Wesen" – um auf eine grundlegende, von Aristoteles formulierte Unterscheidung zurückzugreifen. Als „Übereinstimmung mit sich selbst (Kongruenz)" ist dieses Problem in der Psychologie seit langem bekannt (Rogers 1996, S. 213). – Zweitens gehört es zur individuellen Begegnung, den anderen Menschen nicht einfach als „Nicht-Ich", als beliebiges Stück Außenwelt und damit letztlich als Sache zu betrachten. Erst wenn ich auch im anderen Menschen Individualität und Identität suche, wird er mir zum „Du" und nicht zum „Es" (Buber 1986, S. 10). Der andere kann mir erst dann zum Du werden, wenn ich ihm durch sein Erscheinungsbild hindurch als innerlich aktivem, geistigem Wesen zu begegnen vermag.

Das dritte Moment individueller Begegnung ist die Art, wie der einzelne (Ich oder Du) sich als Glied einer Gemeinschaft darlebt. Hier geht es um Menschenwürde ebenso wie um Wirksamkeit, um die Entfaltung individueller Fähigkeiten ebenso wie um gemeinsame Ziele.

Diese drei Merkmale individueller Begegnung – Identität, Du und Gemeinschaft –, die hier so klar trennbar erscheinen, hängen in der Lebenswirklichkeit eng zusammen. Sie stützen (oder behindern) sich gegenseitig, und davon hängt die Wirklichkeit „individueller Begegnung" ab. Ein Geheimnis der Individualität liegt darin, daß sie die andere Individualität, das „Du", braucht, um sich selbst zu finden. Ein anderes Geheimnis liegt darin, daß Individualität nicht systematisch erfaßbar ist, auch wenn soziologische Theoretiker sich in immer wieder neuen Systematisierungen versuchen.

Die folgenden Kapitel dieses Buches handeln eingehender von dem Zusammenspiel von Identität, Du und Gemeinschaft. Zunächst dazu einige Stichworte:

▷ Selbstverwandlung.
Der neuzeitliche Intellektualismus sieht mit Vorliebe alles von außen, läßt sich auf die Sache selbst ungern ein und kommt dadurch auch nicht zum Handeln. Die Betrachtung der Welt mit dem distanzierten Blick des Zoobesuchers erschwert die Bemühung um individuelle Begegnung. Entschließe ich mich, die Beobachterposition aufzugeben, so ist dieser Entschluß gleichbedeutend damit, mein eigenes Selbst zu verwandeln. Ich muß meine eigenen Grundannahmen, Vorurteile usw. erkennen und aufheben. Individuelle Begegnung ohne den Willen zur Selbstentwicklung wird kaum gelingen. Interesse am anderen Menschen ist ein Willensakt, den es zu üben gilt.

▷ Der werdende Mensch.
Was ich für mich selbst als Notwendigkeit ansehe (Selbstverwandlung), billige ich auch dem anderen zu. Zur Individualität des Menschen gehören nicht nur die Fähigkeiten, die er aus der Vergangenheit mitbringt, sondern auch seine Intuitionen und Impulse, die ihm aus der Zukunft entgegenkommen. Kann ich die Richtung erkennen, die der andere mit seinen Gedanken und Handlungen verfolgt? Sind Entwicklungslinien zu sehen, die in die Zukunft weisen? Beim Kind ist es selbstverständlich, nicht einfach nach dem gegenwärtigen Erscheinungsbild zu urteilen, sondern künftige Potentiale einzubeziehen. Gilt das dem Erwachsenen gegenüber nicht in ähnlicher Weise? Dazu ein Beispiel: Ich spreche mit einem Menschen im Hinblick auf eine geplante Zusammenarbeit (Vorstellungsgespräch o. ä.). Dabei fällt mir ein vorlautes Wesen einerseits und eine umständliche

21

Beflissenheit andererseits auf. Was er sagt oder tut, wird sofort bespiegelt und überhöht und andererseits einer unnötigen Rückversicherung unterworfen. Nehme ich die gegenwärtige Situation für bare Münze, so werde ich von der Zusammenarbeit Abstand nehmen. Selbstbespiegelung und Umständlichkeit wären das Gegenteil dessen, was einer Zusammenarbeit dienlich wäre. Ich kann mich aber im weiteren Gespräch darum bemühen, etwas zu finden, das mich erkennen läßt, ob die genannten Eigenschaften zum Charakter dieser Persönlichkeit gehören oder ob sie vielleicht einer momentanen Unsicherheit entspringen (Vorstellungssituation). Dann käme es darauf an, dem anderen Menschen im Laufe der Zeit immer mehr das Gefühl der Sicherheit zu ermöglichen, so daß er seine bis dahin verdeckten Fähigkeiten einbringen kann. – Beim „werdenden Menschen"geht es also nicht darum, gegenwärtig vorhandene Eigenschaften oder Fähigkeiten linear fortgesetzt zu denken: Wer jetzt ein bißchen Englisch kann, wird in drei Jahren viel mehr können, o. ä. Vielmehr geht es bei der Persönlichkeitsentwicklung um Metamorphosen, das heißt um das Fortschreiten in Stufen, die der je vorangehenden meist überhaupt nicht ähnlich sehen. Es geht um Verhältnisse wie die zwischen Raupe und Schmetterling und um die dazwischenliegenden Krisen. Hier zu treffenden Urteilen zu kommen, setzt schon einige Beobachtungsgabe voraus. Und doch: Alle Eltern wissen, wenn aus dem liebenswürdigen Knaben innerhalb kurzer Zeit ein aggressiv-muffeliger Zeitgenosse geworden ist, daß sie diesen Zustand des Pubertierenden nicht einfach linear in die Zukunft fortgesetzt denken dürfen.

▷ Mit den Augen des anderen sehen.
Ich versuche, den anderen Menschen nicht von außen und in seinem So-Gewordensein festzuhalten, sondern ihn als geistige Individualität zu begreifen, die es mögli-

22

cherweise genauso schwer hat wie ich, ihre Intentionen und Impulse darzuleben. Ich versuche, mich in sein Denken und Handeln hineinzuversetzen und zu verstehen, nicht nur, *was* er tut, sondern auch, *warum* er es tut. Dazu entsage ich allen verallgemeinernden Vorurteilen, wie zum Beispiel dem: Weil der Knabe schon einmal Unfug gemacht hat, muß er es auch jetzt getan haben. Oder: Man kann ihm das zutrauen – also ist er es gewesen. Oder gar: Man findet den Schuldigen nicht und sucht sich einen aus der Menge heraus, der dabei war, und dem man jetzt die Verantwortung für den ganzen Vorgang zuschiebt (Sündenbock). – Denkfehler dieser Art gehören zum festen Repertoire faschistoider Gesellschaften, sind aber auch in abgemilderter Form sozial unerträglich. Jugendlichen gegenüber angewandt führen sie sehr schnell zum „Ausrasten".

▷ Die Initiativen des anderen verstehen.
Ich begegne dem anderen nicht mit der Absicht, ihn (einschließlich seiner Fähigkeiten und Fehler) meinen eigenen Zielen dienstbar zu machen. Ich frage umgekehrt, wie ich ihm dabei helfen könnte, seine eigenen Impulse und Intuitionen besser zu verwirklichen. Initiativ sein heißt auch, die Initiativen des anderen zu beurteilen. – Ich versuche damit einen Blick der „Liebe" im Gegensatz zur Selbstliebe. Spätestens hierdurch entsteht ein Vertrauensverhältnis, das durch gelegentliche soziale Pannen nicht beeinträchtigt wird und das auch kritische Offenheit verträgt. Ich bemerke dabei: Egoismus ist das Mißlingen des Individualismus, nicht etwa sein Wesen. Ich entwickle aktive Offenheit für die Initiativen des anderen. Ich nehme sie nicht nur hin oder lasse sie zu, sondern ich versuche, mich auch dann mit ihnen zu identifizieren, wenn es nicht meine eigenen Initiativen sind oder sein könnten. Dadurch bildet sich der Sozialprozeß in der gegenseitigen Aufnahme von Ideen und Willensimpulsen.

Die Bemühung des einzelnen erhält damit erst ihre gesellschaftliche Wirksamkeit. Seine Bedeutung für die Gemeinschaft liegt nicht nur in dem, was ihm zuerkannt wird (Entscheidungsbefugnis usw.), sondern vor allem in dem, was er von sich aus in die Gemeinschaft hereinträgt (Initiativen). Dazu aber muß in der Gemeinschaft (und das heißt: bei jedem einzelnen) eine aktive Empfänglichkeit entwickelt werden.

Die erste Tat des Individualismus ist es also, sich dem anderen Menschen als einer Individualität zuzuwenden. Die zweite Tat ist, nicht andere Menschen für sich selbst verantwortlich zu machen. „Ich habe keine Wahl", „ich bin Sachzwängen unterworfen", „die Umstände veranlassen mich", „die Umgebung hat Schuld", „ich habe keine Zeit", „ich stehe unter Erwartungsdruck": All diese Ausreden gelten nicht (siehe Sprenger 1995). Individualismus heißt: Was ich tue, will ich auch. Und was ich mache, mache ich ganz. Verantwortung setzt Freiheit voraus, und nur Freiheit macht verantwortlich. – Damit aber ist das traditionell gewohnte Verhältnis zwischen mir und „den anderen" genau umgedreht worden. Auf meiner Seite liegen der Wille, die Befähigung, die Freiheit und die Verantwortung; das gleiche gilt aber auch für jeden anderen. Ich bin „König" – aber ohne Untertanen. Auch die anderen sind alle „Könige". Ein König, der alle anderen Menschen gleichfalls als Könige betrachtet, mag eine ungewohnte Vorstellung sein. Sie spiegelt aber die soziale Situation des gegenwärtigen Menschen, wenn er nicht in den Verhältnissen von gestern leben will.

Aus dem Willen, dem anderen Menschen individuell zu begegnen, ergeben sich besondere Erlebnisse und Haltungen. Sie werden im Kapitel über den „Dialog" gesondert betrachtet.

Individuelle Begegnung hat nicht zum Ziel, um jeden Preis Übereinstimmung zu erzeugen. Diese wird sich ergeben oder auch nicht. Nicht gleiche Ansichten oder gleiche Absichten verbinden die Menschen – dadurch entstehen höchstens Interessengruppen –, sondern die Liebe zur Tat, und das heißt: auch zu den Taten der anderen Menschen. Dadurch gebe ich meine eigenen Impulse keineswegs auf. Vielleicht verwandeln sie sich dabei – das bleibt abzuwarten. Gelingt individuelle Begegnung, so lösen sich auch die Machtverhältnisse auf, die einer Begegnung innewohnen können, und die z. B. in der Transaktionsanalyse als Eltern-Ich, Erwachsenen-Ich oder Kindheits-Ich beschrieben werden (Rogers 1991).

Um individuelle Begegnung immer besser zu verwirklichen, kann ich mir Hilfsfragen stellen, z. B.:

▷ Bin ich mir klar über das Motiv meines Handelns? Verfolge ich etwa geheime, mir selbst vielleicht nicht ganz bewußte Absichten?

▷ Kann ich mit meinem Denken und Handeln vor mir selbst bestehen? Sind sie mir angemessen?

▷ Bin ich auf der Suche nach dem Verbindenden zwischen den Menschen oder stütze ich mich mehr ab auf das, was uns trennt?

▷ Verbarrikadiere ich mich hinter meinen eigenen Persönlichkeitsstrukturen oder kann ich mich ihnen gegenüberstellen?

▷ Gelingt es mir, ungeprüfte Verallgemeinerungen und Pauschalierungen zu vermeiden? Bleibe ich möglichst lange konkret? Gelingt es mir anderen Menschen gegenüber, mit der Urteilsbildung so lange zu warten, bis sie sich wie von selbst ergibt?

▷ Denke und handle ich existentiell oder distanziert?

▷ Warum gefällt oder mißfällt mir das Handeln anderer? Was würde ich an ihrer Stelle tun?

▷ Kann ich der Initiative eines anderen einen sinnvollen Platz im Ganzen zuerkennen?

Fragen dieser Art kann sich nur jeder selbst beantworten. Gesichtspunkte dazu werden in den nächsten Kapiteln vorgestellt.

————

Alles wirkliche Leben ist Begegnung.

Martin Buber, Ich und Du

————

*Obwohl aber der Logos gemeinsam ist, handeln
die Vielen, als hätten sie einen Privatverstand.*

Heraklit, Fragment 2

3.

TRANSPARENZ

Sobald eine Arbeitsgemeinschaft etwas größer wird, besteht
die Gefahr einer sozialen „Gespensterbildung". Unwirklich-
keiten werden sozial wirksam. Gerüchte, Animositäten, unkla-
re Erwartungen und Teilwahrheiten entfalten ein Eigenleben,
fördern Konflikte und verhindern sachgerechte Arbeit. Zur individuellen Begegnung muß deshalb noch etwas dazukommen,
das ihr polar gegenüber zu stehen scheint. Neben der Möglichkeit zur Begegnung von Mensch zu Mensch muß auch gewährleistet sein, daß alle *dasselbe* im Bewußtsein haben können.
Sonst entstehen Gruppen, die ihr Wissen oder ihre Absichten
als Geheimnis hüten (Herrschaftswissen). Das geschieht nicht
selten, muß aber durchaus nicht immer einer bösen Absicht
entspringen. Betriebsinterne Wagenburgen entstehen oft aus
Furcht, und diese ist Folge eines unzureichenden Informationsmilieus. „Unzureichend" bedeutet vor allem „unvollstän-
dig". Werden immer nur einzelne Tatsachen bekannt, die nicht
in Entstehungs- oder Begründungszusammenhänge einzuord-
nen sind, dann kann man sie nicht deuten; sie „sprechen"
nicht. Eine auf empirische Daten beschränkte Informationspo-
litik kommt selbst dann einer Desinformation gleich, wenn sie
vollständig ist. Denn die Hauptsachen fehlen: Zusammenhänge, Entwicklungslinien, Ziele und Motive, die mit den einzelnen Handlungen verbunden sind. In dieser Hinsicht hilflos gelassen, bastelt man sich die Zusammenhänge selbst, und es

entstehen subjektive Deutungsmuster über die Absichten und Handlungen anderer. Sie sind zwar irreal, aber sozial unheimlich wirksam. Nicht selten ergreift man dann „Gegenmaßnahmen" gegen Tendenzen, die man sich zuvor selbst ausgedacht hat, z. B. aus Furcht vor einer (nirgends beabsichtigten) Einmischung dritter. Oder man ruft das Befürchtete (die Einmischung) durch sein Abschottungsverhalten überhaupt erst hervor. Soziale Gespensterbildung wird zu einem Gewebe des Schreckens.

Dem ist durch offene Information (Transparenz) zu begegnen. Ich weiß dann nicht nur, was die anderen faktisch tun, sondern ich kenne auch ihre Motive; ich erfahre Hintergründe und Situationen nicht erst dann, wenn sie für mein eigenes Handeln relevant werden; und ich erfahre auch, was die anderen darüber wissen und wie sie darüber denken. Transparenz ermöglicht den anderen Mitgliedern der Arbeitsgemeinschaft ein selbständiges Urteil. Das setzt voraus, daß man mitdenken kann, daß Situationen, Fakten, Hintergründe und Prozesse unabhängig vom konkreten Handlungsbedarf bekannt sind. Urteilsfähigkeit setzt Freiheit voraus und ermöglicht sie zugleich. Voraussetzung ist der ungehinderte Zugang zu den Informationen und Vertrauen auf die Selbstkontrolle jedes einzelnen. Wirkliche Freiheit setzt sich ihre Grenzen selber. Ein Unternehmen arbeitet um so innovativer, wirklichkeitsnäher, effektiver und sozialverträglicher, je mehr die eigenständige Urteilsbildung der Mitwirkenden herausgefordert ist.

Transparenz heißt also zweierlei: den einzelnen die Möglichkeit zu geben, sich umfassend in das Gesamtgeschehen einzuleben; und zugleich die kompetente Mitwirkung der einzelnen im Gesamtgeschehen einzufordern.

Hierzu sind Fähigkeiten notwendig, die man nicht einfach so mitbringt. So müssen Informationen, die für alle wichtig sind, *aktiv* gegeben werden. Jeder muß sich ständig fragen: Was müssen die anderen erfahren? Und man muß zugleich darauf vertrauen können, daß keine inkompetenten Reaktionen hervorgerufen werden, zum Beispiel durch Einmischung in menschliche

Schwierigkeiten, durch unkontrolliertes Weitertragen von Informationen usw. Transparenz setzt angemessene Diskretion voraus – ein Paradoxon, aber wirklichkeitsgemäß. „Informationen" sind nicht beliebig verwertbare Sachverhalte, sondern sie sind in Sozialprozesse eingebunden: wer arbeitet gerade an einem bestimmten Thema? Was ist der gegenwärtige Sachstand? Welche Motive sind damit verbunden? Wer ist einbezogen? Wer kennt das Problem und seinen Bearbeitungsprozeß außerdem? Wie geht es weiter? – Erst wenn ich diese Fragen mit bedenke, kann ich zur Sache etwas beitragen. Handeln ist gut – aber Nichthandeln (und Nichtreden) ist manchmal besser, da sachgemäßer.

Damit ist bereits eine weitere Fähigkeitsanforderung angesprochen. Die Empfänger der vielen Informationen in einem Milieu der Transparenz müssen in der Lage sein, mit diesen Informationen so umzugehen, daß sie nicht darin ertrinken, sondern daß sie den Blick auf das Ganze behalten. Sie müssen konkret und zugleich gesamthaft denken, auswählen, Prioritäten setzen, usw. Da es sich dabei meistens nicht um ewige Wahrheiten handelt, muß man „Wissen" als prozessuales Wissen verstehen und handhaben können. Was gerade in Geltung ist, kommt irgendwo her und wird morgen vielleicht schon anders sein. Dadurch kommt der einzelne leicht an die „Grenzen seines Witzes" (Goethe: Mephisto über den Menschen), wird verwirrt oder rammt, um der Verwirrung zu entgehen, Pflöcke fester Vorstellungen ein, an denen er sich auch dann noch hält, wenn die Verhältnisse sich längst geändert haben. Transparenz fordert und fördert also zugleich gegenseitiges Vertrauen, Interesse an allen Vorgängen (nicht nur an dem, was mich im Augenblick persönlich betrifft) und individuelle Orientierungsfähigkeit in einem Prozeßgeschehen. Sie ist besonders wichtig in einem individualistisch geprägten Arbeitszusammenhang, der aus dem autonomen Zusammenwirken vieler einzelner besteht und deshalb zur Undurchschaubarkeit neigt. Ohne bewußt gepflegte Transparenz droht der Rückfall in kleinräumige Verhältnisse.

Die Fähigkeit zur künstlerisch gehandhabten Transparenz wächst durch Übung, deren Früchte dann in zweifacher Richtung sozial wirksam werden:

▷ Kontinuität des Bewußtseins.
Wird ein Sachgespräch fortgesetzt, und ich vertrete jetzt etwas anderes als beim letztenmal (weil ich vielleicht erfreulicherweise dazugelernt habe), dann kann es nur Verwirrung stiften, wenn ich meine neue Position einbringe ohne darauf hinzuweisen, daß und warum sie mit der alten nicht mehr übereinstimmt. – Oder man fängt in den Besprechungen immer wieder von vorne an, da man die Ergebnisse vom letzten Mal nicht festgehalten hat – ein ebenso zeitraubendes wie unfruchtbares Verfahren. – Und schließlich hilft Kontinuität des Bewußtseins dabei, ein „Heuschreckensyndrom" zu vermeiden, das manche Arbeitszusammenhänge und Gespräche durchzieht: Will man die Heuschrecke, die man eben entdeckt hat, genauer anschauen, dann ist sie schon weg. So geht es auch mit manchen Themen und Voten.

▷ Verpflichtung zur Wahrheit.
Zur Transparenz gehört auch die strikte Verpflichtung zur Wahrheit. Zur Wahrheit gehört einerseits die erwähnte Vollständigkeit der Information, andererseits aber auch die rückhaltlose Darstellung der eigenen Ansicht. Wer anderes sagt als er denkt, gerät nicht zu Unrecht in den Verdacht, verborgene Absichten zu verfolgen oder aber nicht ganz Herr seiner selbst zu sein (was sich manchmal nicht ausschließt). In der Wahrheit liegt vielfach die „Hebelkraft beim Umgang mit strukturellen Konflikten." „Wir können mit einer überraschend einfachen, aber überaus wirkungsvollen Strategie beginnen, wenn wir den strukturellen Konflikt bewältigen wollen: wir können die Wahrheit sagen. [...] Das Festhalten an der Wahrheit ist tatsächlich wesentlich wirkungsvoller als jede Technik." (Senge S. 195). Und umgekehrt: Wenn ich bei mir

entdecke, daß ich „ja" sage, aber „nein" meine, dann ist dies ein sicheres Kennzeichen dafür, daß etwas nicht stimmt.

Vor der Größe dieser Anforderungen muß man nicht resignieren. Wie man das Schwimmen nur im Wasser lernen kann, so lernt man die zur individuellen Orientierung notwendigen Fähigkeiten nur in einem entsprechenden Umfeld. Und auch hierfür gibt es „Schwimmhilfen":

▷ Alle wichtigen Informationen werden *frühzeitig* gegeben. Es werden auch Tendenzen mitgeteilt, bevor sie ganz manifest geworden sind. Entstehen beispielsweise finanzielle Engpässe, so sind die Handlungsmöglichkeiten drastisch eingeschränkt, wenn man erst kurz vor ihrem Eintreten davon erfährt. Ideenbildung (s. u. „Beratung") ist dann nur noch in geringem Umfang möglich. Man reagiert, statt zu gestalten.

▷ Informationen werden *regelmäßig* gegeben. Niemand hält sie zurück, bis ein anderer nachfragen muß.

▷ Daß Informationen *aktiv* und *umfassend* zu geben sind, wurde schon gesagt.

▷ Das Mitgeteilte muß nicht nur der Sache gerecht werden, sondern auch den Empfängern. Was kann ich tun, damit die Empfänger die gegebenen Informationen verarbeiten können?

▷ Je größer und offener der Empfängerkreis ist, um so mehr Hintergrundinformationen, Vorläufe, Randprobleme usw. werden hinzugefügt. Wer den Eltern in einer Schule mitteilt, daß ab nächstem Schuljahr die Fünftagewoche eingeführt wird, ohne die Gesichtspunkte zu nennen, aus denen heraus dieser Entschluß gefaßt wurde und ohne auf die Konsequenzen im einzelnen hinzuweisen, der wird nur soziale Schwierigkeiten säen (von Resignation bis Aggression), obwohl die Information rechtzeitig und faktisch vollständig gegeben wurde. Derjenige, der diese Information formuliert hat, ist vielleicht ein Jahr lang engagiert an dieser Frage tätig gewesen und hat alle möglichen Gesichtspunkte dazu im Kopf. Er darf nicht vergessen, daß das für die Empfänger seiner Botschaft nicht in gleicher Weise gilt.

▷ Ungeschickte Information führt nicht selten zur sozialen Konfrontation, z.B. zur Forderung nach Mitbestimmung. Werden daraufhin die Informationen noch restriktiver gehandhabt, so wird der verunglückte Sozialprozeß zu einem Strudel von Chaos, Frust, Mißtrauen und Konflikt.

Habe ich mich von der Bedeutung des hier „Transparenz" genannten Informationsmilieus überzeugt, dann kann ich mir im beruflichen Alltag entsprechende Prüfungsfragen stellen:

1. Habe ich den Überblick über das Gesamtgeschehen, bevor ich ein Urteil über Einzelheiten fälle?

2. Kenne ich den *gegenwärtigen* Sachstand?

3. Verhalte ich mich selbst so, daß die anderen den Sachverhalt von Grund auf und mit allen Hintergründen kennenlernen können?

4. Kenne ich auch diejenigen Gesichtspunkte, die meiner eigenen Intention entgegenstehen?

5. Gebe ich alle Informationen von mir aus rechtzeitig, regelmäßig, umfassend und verständlich? Fühle ich mich für die Informiertheit der anderen verantwortlich?

6. Erkundige ich mich, wenn mir etwas nicht klar ist? Fühle ich mich für meine eigene Informiertheit verantwortlich?

7. Spreche ich offen oder verdeckt?

8. Gelingt es mir im Strom der Informationsprozesse, das Wesentliche vom Unwesentlichen zu unterscheiden (Orientierung)?

9. Bin ich sicher, wo ich zu sprechen und wo ich zu schweigen habe (Diskretion)?

Der Fluß der Transparenz (jeder einzelne an alle anderen) ist von dem der individuellen Begegnung (jeder einzelne mit jedem einzelnen) zu unterscheiden. Individuelle Begegnung würde praktisch unmöglich, wenn ich dabei gleichzeitig alle Information transportieren müßte. Und Transparenz ist nicht herzustellen, wenn man nur die Begegnung von Mensch zu Mensch kennt. Beide Prozesse stehen in polarer Spannung und steigern wechselseitig ihre Fruchtbarkeit. Beide zusammen fließen ein in das sachorientierte Gespräch, die „Beratung".

Man gibt immer den Verhältnissen die
Schuld für das, was man ist. Ich glaube
nicht an die Verhältnisse. Diejenigen, die in
der Welt vorankommen, gehen hin und suchen
sich die Verhältnisse, die sie wollen,
und wenn sie sie nicht finden können,
schaffen sie sie selbst.

George Bernard Shaw,
Mensch und Übermensch

4.

BERATUNG

Im Beratungsprozeß kulminiert die Zusammenarbeit. In ihm reifen die Früchte der individuellen Begegnung und der Transparenz. Und die Qualität des nachfolgenden Entschlusses ist maßgeblich von der Beratungsleistung abhängig.

Warum suche ich Beratung? – Ich will mein Denken und Handeln optimieren und bitte um uneigennützige Beiträge dazu. Oder: Ich kann nicht isoliert handeln und versuche deshalb, andere von meinem Vorhaben zu überzeugen. Schließlich: Ich suche Anregung dazu, neue Ideen zu finden. – Es kommt darauf an, wie diese drei Ziele des Beratens in Gemeinschaftsprozesse übergeführt werden, damit nicht die bekannten Karikaturen herauskommen: Ich will mein Denken und Handeln an der Meinung der anderen korrigieren; ich will meine Absichten durchdrücken; ich will mich sozial absichern. In der Beratung verweben sich drei verschiedene Prozesse, die hier zunächst getrennt beschrieben werden.

Sich verstehen, auch wenn man sich nicht versteht: der Gemeinschaftsaspekt

Es geht um geistige Tätigkeit in einem gemeinsam zu gestaltenden geistigen Milieu. Zur Vertrauensbildung durch individuelle Begegnung und zur Offenheit (Transparenz) kommt hier noch ein Drittes hinzu: die individuelle Kompetenz, die sich mit den

Kompetenzen der anderen Mitwirkenden vereinigen soll. Wie kommt eine solche Vereinigung zustande?

Vor größeren Entscheidungen eines Gemeinwesens holte man sich im alten Griechenland den Rat des Delphischen Orakels. Man schickte eine Gesandtschaft mit Geschenken dort hin und stellte seine Frage. In einem Vermittlungsprozeß zwischen den Priestern und der eigentlichen Wahrsagerin, der Pythia, die auf einem Dreifuß über einer Erdspalte sitzend Schwerverständliches von sich gab, wurde die Antwort hervorgebracht. Der erhaltene Rat war nicht umzusetzen, ohne daß die Empfänger ihr eigenes Denkvermögen anstrengten und dabei zugleich schulten (Näheres bei Teichmann 1993, S. 67ff). – In Delphi ist heute die Pythia nicht mehr zu finden; der Ort ist der Neugier der durchreisenden Besucher überantwortet. Wird heute Beratung gesucht, so wird jeder Kollege zur Pythia. Jeder sitzt auf seinem eigenen Dreifuß.

Üblicherweise kommt eine erste Ordnung in die Gemeinschaft dadurch, daß die einzelnen – mehr oder weniger bewußt – bestimmte Rollen übernehmen. Eine aktuelle Führungslehre sieht zum Beispiel folgende „Schlüsselrollen im Team" (Belbin S. 66):

> ▷ *Umsetzer* – konservativ, pflichtbewußt, berechenbar. Setzt Ideen in Tat um. Etwas unflexibel, lehnt unbewiesene Ideen ab.

> ▷ *Vorsitzender* – selbstsicher, vertrauensvoll. Stellt schnell die individuellen Talente der Gruppenmitglieder fest, hat ausgeprägten Sinn für Ziele. Nicht überdurchschnittlich intelligent und kreativ.

> ▷ *Macher* – dynamisch, aufgeschlossen, stark angespannt. Fordert heraus, übt Druck aus, bekämpft Trägheit und Ineffizienz. Neigt zu Provokationen.

> ▷ *Neuerer/Erfinder* – individualistisch, unorthodox, ernst. Genial, phantasievoll, großes Denkvermögen. Oft mit

seinen Gedanken woanders, neigt dazu, praktische Details zu mißachten.

▷ *Wegbereiter/Weichensteller* – extravertiert, begeistert, kommunikativ. Greift neue Ideen auf, stellt gern Kontakte her, reagiert auf Herausforderungen. Verliert nach anfänglicher Begeisterung das Interesse.

▷ *Beobachter* – besonnen, strategisch, scharfsinnig. Urteilsfähigkeit, Diskretion, Nüchternheit. Mangel an Antrieb und der Fähigkeit, andere zu inspirieren.

▷ *Teamarbeiter/Mitspieler* – umgänglich, sanft, empfindsam. Fähigkeit, mit unterschiedlichen Situationen und Menschen fertig zu werden, fördert Teamgeist. Nicht entscheidungsfähig bei Zerreißproben.

▷ *Perfektionist* – sorgfältig, ordentlich, gewissenhaft, ängstlich. Fähigkeit zur vollständigen Durchführung, Perfektionismus, Tendenz, sich schon über kleine Dinge zu sorgen.

Die innere Einstellung steht im Vordergrund bei folgenden Rollen in einer Besprechungsgruppe (Stroebe 1995, S. 50):

▷ *Gefolgsmann* (unterstützt den Sprecher, weil er ihn als Person schätzt),

▷ *Helfer* (unterstützt den Sprecher, weil er der Sache dienen will),

▷ *Ideologe* (unterstützt den Sprecher, weil er mit ihm gewisse Wertvorstellungen durchsetzen will),

▷ *Vermittler,*

▷ *Kritiker* (ja, aber ...),

▷ *Opponent* (nein, außer wenn ...),

▷ *Außenseiter.*

Im Hinblick auf den Beratungsprozeß darf man die Rollen noch etwas zuspitzen:

▷ Der „Hofnarr". Er erlaubt sich, unverblümt die Wahrheit zu sagen oder unbequeme Fragen zu stellen. Eine Errungenschaft der barocken Fürstenhöfe, die es beizubehalten gilt.

▷ Der „Beichtvater". Bei ihm kann persönliche Rücksprache genommen werden, vor allem angesichts von organisatorischen, geistigen oder seelischen Sackgassen. Er ist gelassen und diskret.

▷ Der „Spinner": Ihm fällt immer etwas Neues ein. Er besteht aber nicht darauf, daß das alles verwirklicht wird (das wäre sozial auch kaum erträglich). Der „Spinner" steht dafür, daß immer wieder neue Ideen eingebracht werden.

▷ Die „Gans". Die Bezeichnung erinnert an die Gänse, die im Jahre 387 v. Chr. das römische Kapitol vor dem Angriff der Feinde dadurch bewahrt haben, daß sie durch ihr Geschnatter die Wachmannschaft weckten. Der kritische Mahner macht auf Probleme aufmerksam, die anderen entgehen.

▷ Der „Suchhund" oder konstitutionelle Bedenkenträger entdeckt explosive Gefahren, bevor sie hochgehen. Er lebt dabei gegebenenfalls selbst gefährlich.

▷ Das „Trüffelschwein" findet die fruchtbaren Details in dem ganzen „Dreck", der sie verbirgt.

Bei solchen Charakterisierungen geht es weniger um definierbare Rollen in der Zusammenarbeit als vielmehr um Eigenschaften, die sich mehr oder weniger deutlich herauskristallisieren können. Aus persönlichen Einseitigkeiten wird auf diese Weise ein konstruktives, der Sache dienliches Zusammenspiel. Das setzt allerdings voraus, daß niemand in seine Charaktereigenschaft oder Rolle so tief versunken ist, daß er deren Ergänzungsbedürftigkeit nicht mehr durchschauen kann. „Rolle" ist nur dann fruchtbar, wenn sie „Spiel" bleibt und nicht zur Identifikation verleitet. Sonst wäre das Individuelle des einzelnen abgelenkt in ein halb-allgemeines Element: Typus statt Individualität.

In einem Beratungsprozeß gibt es keine Themen, die von Anfang an tabu wären, es gibt keine geistigen Rahmenbedingungen und keine Kollektivierung. Eine Beratung wird um so fruchtbarer, je schonungsloser in sachlicher Hinsicht der einzelne seine Kompetenz einbringt.

Der Sache dienen: der Wirklichkeitsaspekt

Beratung soll eine sachgerechte Entscheidung vorbereiten. Es geht darum, klare Alternativen zu entwickeln und sie konsequent gedanklich durchzuführen als sichere Grundlage für die Entscheidungsfindung:

▷ Wie kommen die unterschiedlichen Kompetenzen der einzelnen Menschen in möglichster *Vielfalt* zum Tragen?

▷ Wie kommen die unterschiedlichen Ansätze *zusammen* und gestalten an einer *Ganzheit* mit?

▷ Wie kommt dieses Ganze (das Unternehmen, das Vorhaben usw.) zur *Fruchtbarkeit*?

Damit aus der *Vielfalt* eine *Ganzheit* wird, genügt nicht die Addition der verschiedenen Beiträge, sondern diese müssen umgeschmolzen und aufeinander bezogen werden. Aus der Wechselbeziehung des Beratungsprozesses entsteht ein Erkenntnisfortschritt, der anders kaum zu leisten wäre.

Man könnte „Beratung" natürlich auch so verstehen, daß man einfach die „Meinungen" der anderen einholt. Dann weiß man am Ende vielleicht, woran man ist innerhalb der Gemeinschaft, erhält aber im Hinblick auf die Sachfragen nur eine nette

Sammlung mitgebrachter Suggestionen aus der Vergangenheit, ohne gemeinsamen Erkenntnisprozeß. – Was auf Erkenntnis beruht und was nur rational verbrämte Meinung ist, läßt sich nicht immer auf den ersten Blick entscheiden. Es gibt Erkenntnis-Vermeidungs-Strategien, die der wirklichen Erkenntnis ähnlich sehen, zum Beispiel die Generalisierung. Man stützt allgemeine Aussagen auf subjektiv ausgewählte Phänomene und gibt so seinen Meinungen einen „objektiven" Anstrich. Solches und Ähnliches gilt es zu durchschauen. Eine Meinung als solche interessiert mich jedenfalls auch dann nicht, wenn sie richtig ist. Sie interessiert mich erst dann, wenn ich einsehen kann, *daß* und *warum* sie richtig oder falsch ist. Dann ist sie aber mehr als eine Meinung (Näheres dazu unten in Kapitel 7)!

Wollen wir uns einer noch zu enthüllenden Wirklichkeit nähern, so gilt es zunächst, die richtige Frage zu stellen. Was erwarte ich von der „Wirklichkeit"? Erwarte ich Aussagen, die mit empirischen Gegebenheiten übereinstimmen? Suchen wir Erklärungen nur für das vorliegend Gegebene oder beziehen wir Zukunftspotentiale mit ein? Mit der Beschränkung auf das Vorliegende würde man beispielsweise einem Menschen (sich selbst oder einem anderen) nicht gerecht. Oder denken wir, wenn wir Ursachen suchen, diese einschienig in dem Sinne, daß jede „Wirkung" auf eine bestimmte „Ursache" zurückzuführen sei? Damit würden wir gesellschaftlichen Prozessen nicht gerecht, die meist aus Wechselbeziehungen bestehen. Ich kann mich zum Beispiel fragen, was ich selbst dazu getan habe, daß der andere so (unmöglich) ist, wie er ist. Abstrakt gesprochen: Die scheinbare „Wirkung" wirkt ursächlich zurück auf die sogenannte „Ursache". – Es ist hilfreich, sich die verschiedenen Möglichkeiten, Wirklichkeit zu denken, vorab klar zu machen, als Bildungsgut sozusagen. Denn wenn ich nicht damit rechne, daß es Wechselwirkungen statt linearer Kausalität gibt, dann werden sie mir leicht entgehen. Ich stülpe dann ein falsches Interpretationsschema über die Wirklichkeit und erziele zu meiner größten Befriedigung „runde" Ergebnisse – ohne zu bemerken, daß die Rundungen selbstgedrechselt sind. Es geht mir dann so

wie jenem Betrunkenen, der seinen Hausschlüssel unter der La-
terne sucht, obwohl er ihn woanders verloren hat. Denn dort sei
es zu dunkel, um etwas zu suchen.

Der Idee zum Durchbruch verhelfen: Ideenorientierung

Eine gute Gemeinschaft ist eine solche, in der jeder sich frei
aussprechen und das Seinige beitragen kann. Eine bessere Arbeitsgemeinschaft ist eine solche, in der nicht nur aufgenom-
men wird, was der einzelne *sagt*, sondern was er *meint*. Man
versucht auch das mitzuhören, was vielleicht nicht oder nicht
ganz gelungen zur Sprache kam. Man ruht nicht eher, als bis
man den Sprecher mit seinem Anliegen wirklich verstanden hat
und er sich verstanden fühlt. Das ist eine Voraussetzung dafür,
daß im Beratungsgespräch die Wende von der Subjektorientie-
rung zur Sachorientierung gelingt. Aber es ist noch eine Steigerung möglich: Man kann sich nicht nur dem widmen, was der
Sprecher sagen wollte, sondern sich seiner Idee selbst zuwen-
den. Man findet vielleicht, daß sie noch gar nicht zu Ende gedacht ist, daß er nur einen Teilaspekt im Auge hatte, daß sie erweitert werden kann, oder daß sie unbedacht gebliebene Konsequenzen hat. Das heißt, der beratende Kreis widmet sich gemeinsam der Idee, die jemand ausgesprochen hat und findet sie,
über das hinaus, was diesem davon bewußt war. Die Idee, die
jemand eingebracht hat, wird nicht wegen ihrer Unvollständig-
keit verworfen, sondern es wird gemeinsam betrachtet, was in
ihr liegt. Es wird mehr entdeckt, als ein einzelner Sprecher gesehen hatte. Ein verantwortungsvoller Beratungskreis wird es
sich deshalb zur Aufgabe machen, eingebrachte Ideen als solche zu würdigen. Denn in ihnen steckt das Neue, Besondere
oder Weiterführende – gerade dann, wenn niemand vorher daran gedacht hatte. Wichtig ist auch, daß nicht taxiert wird, ob die
eingebrachte Idee meine eigene Meinung fördert oder eher

hemmt. Ich wende mich einer Idee zu unabhängig davon, ob sie mir „gefällt". Vielleicht *kann* sie mir ja erst hinterher gefallen, wenn ich mich selbst mit ihr verbunden habe. Gelingt eine solche Ideenorientierung im Beratungsgespräch, so kann dadurch zusätzlich vermieden werden, was manchen Arbeitsgemeinschaften das Leben schwer macht: Fraktionsdenken statt individueller Akzeptanz im Inneren, Abschottung nach außen, z. B. den Kunden, Partnern, Schülern, Eltern usw. gegenüber; Wagenburgmentalität statt Weltoffenheit. Und die Qualität der gemeinsamen geistigen Leistung wird dann nicht durch das (notwendig vorhandene) Gefälle zwischen den einzelnen bestimmt und behindert, sondern dieses findet seinen Ausgleich. Die Gemeinschaft wird als ganze leistungsfähiger. Und nicht zuletzt: Alles Beraten und Entscheiden wird effektiver, nimmt weniger Zeit in Anspruch. Das Verhältnis von Individualität, Gemeinschaft und gemeinsamer Zielsetzung wandelt sich. Jeder einzelne gibt sein Bestes; er vereinigt sich mit dem, was die anderen als ihr Bestes geben; und dadurch entsteht Kraft der Ideenfähigkeit und Mut zur Umgestaltung der Wirklichkeit.

Durch ein bewußtes Verhältnis zu den Ideen wird überhaupt erst der Blick in die Zukunft frei. Der Beratungsprozeß schafft ein Milieu der Kreativität. Rogers nennt dafür zwei Bedingungen: Das Herstellen von „psychischer Sicherheit" und von „psychischer Freiheit" (Rogers 1991, S. 346). Es dürfte schon jetzt klar geworden sein, daß durch Prozesse wie „individuelle Begegnung" und „Transparenz" beide Bedingungen *zugleich* erfüllt werden. Der dialogische Charakter der Beratung vermittelt zwischen Sicherheit und Freiheit, beide steigernd.

Lernende Organisation

Von der Qualität der Beratungsprozesse hängt es ab, ob ein Unternehmen zu einer lernenden Organisation wird. Zunächst muß natürlich jeder einzelne lernfähig sein, und da bietet der

Beratungsprozeß viele Chancen für gegenseitige Anregung. „Lernende Organisation" aber meint noch mehr; zum Beispiel, daß einmal erkannte Fehler in Zukunft vermieden werden. Dabei liegt jedoch oft ein auf Konditionierung beruhendes Verständnis von „Lernen" zugrunde. Nach dem gleichen Prinzip funktioniert es auch beim Regenwurm. Auch er stößt nur eine begrenzte Anzahl von Malen gegen einen elektrisch geladenen Draht, hinter dem sich Futter verbirgt, bevor er seufzend auf das Futter verzichtet. Eine lernende Organisation aber muß noch weiter gehen. Sie hat sich für die Fehler als solche zu interessieren, zu den Ursachen der Probleme vorzustoßen und an diesen zu arbeiten. „Lernende Organisation" heißt dann, daß nicht nur die einzelnen Probleme *nachhaltig* gelöst werden, sondern daß das Problemlösungsverhalten selbst sich im Laufe der Zeit optimiert. – Aber nach „Fehlervermeidung" und „Optimierung" ist noch eine dritte Stufe des Lernens möglich. Sie beruht auf einer Steigerung der individuellen Fähigkeiten, zu denen man sich gegenseitig anregt. Das wurde anhand der „Ideenorientierung" bereits angedeutet. In dem Maße, in dem diese Fähigkeitssteigerung greift, ist es möglich, Gestaltungsfreiräume zu schaffen und auszufüllen.

Konsens-Findung

Bei der Beratung geht es darum, den sachlich besten Weg zu finden. Wie dann tatsächlich gehandelt werden soll, ist Thema des anschließenden Entscheidungsprozesses. Bei der Beratung geht es in erster Linie darum, ein gemeinsames Bild von der „Wirklichkeit" herzustellen. Je reiner eine Beratung als Erkenntnisprozeß geführt wird, um so tragfähiger ist dieses Bild der Wirklichkeit. Jeglicher Zwang zur Einigung ist aus dem Beratungsprozeß herauszuhalten. In der Beratung wird versucht herauszufinden, welche Handlungsmöglichkeiten es gibt, welche Voraussetzungen und Konsequenzen diese haben. Wollte man ans Ende der Beratung die *Pflicht* zum Konsens stellen, so wäre die Sachgerechtigkeit der Beratung von Anfang an durch „politische" Rücksichten behindert. Eine Vorschrift, die besagt, daß so lange geredet wird, bis niemand mehr Einwände erhebt, öffnet einem „Konsens-Terror" Tür und Tor. Wer hat es nicht schon erlebt, daß jemand sagt, vielleicht am Ende einer langen Beratung: Die Sache kann so nicht gemacht werden. – Ja warum denn nicht? – Weil ich dagegen bin! – Die eigentlich interessante Frage ist: Wie *entsteht* Konsens wirklich? Und wie wird er tragfähig?

Die Erfahrung lehrt, daß sich nach einem sorgfältig durchgeführten Beratungsprozeß die Entscheidung meistens von selbst ergibt. Es ist von der Sache her evident geworden, worin die beste Handlungsweise besteht. Lediglich in den verhältnismäßig seltenen Fällen, in denen Abwägungsprobleme bestehen bleiben, ist die Frage zu stellen: Wann ist eine Beratung zu Ende? Was ist ihr Ziel? – Tritt eine unmittelbare Evidenz nicht ein, so ist die Beratung dann beendet, wenn durchdachte Handlungsalternativen erarbeitet worden sind. „Durchdacht" heißt, daß sie auf ihre Voraussetzungen und Konsequenzen, Vor- und Nachteile geprüft, sozusagen „wasserdicht" gemacht worden sind, und daß die Ideenbildung abgeschlossen ist. Da alle, auch diejenigen, die zu gegensätzlichen Ergebnissen gekommen sind, an dem gesamten Prozeß beteiligt waren, bleibt niemandem etwas verborgen, das zu Vorbehalten führen könnte. Verläuft eine sachlich schwierige Beratung optimal, dann beteiligt sich vielleicht sogar jemand eine Zeit lang an der Ausgestaltung eines Alternativmodells, das er selbst nicht favorisiert. Wichtig ist, daß der Beratungsgruppe Vertreter der divergierenden Ansichten angehören. Sonst wäre ein Konsensergebnis schon dadurch programmiert, daß nur bestimmte Fraktionen an der Beratung teilhaben. Ein solcher Schein-Konsens wäre faul und enthielte sozialen Sprengstoff. Hier läge ein gravierender Führungsfehler vor.

Beratung heißt nicht: Wie mache ich mir das Leben leicht? Beratung heißt vielmehr: Wie bereite ich die Entscheidung sachlich optimal und sozial verträglich vor, auch wenn es Mühe macht? (Anregungen dazu bei Kracht 1996, S.65ff.).

Worauf es sonst noch ankommt

Im vorigen wurden allgemein formulierte Bedingungen für eine möglichst hohe Qualität der Beratung beschrieben. Es werden jetzt noch einzelne Momente herausgegriffen, die erfahrungsgemäß besonders zu beachten sind. Auch einige typische Fehler im Beratungsprozeß kommen zur Sprache.

Anlaß und Zielsetzung

Die Qualität eines Beratungsprozesses hängt wesentlich davon ab, wie stark die gemeinsame Zielsetzung bewußt bleibt. Hat mich jemand gebeten, seine Gedanken anzuhören und zu begleiten? Suche ich Mitstreiter für ein eigenes Vorhaben? Haben wir hinterher das Ergebnis gemeinsam zu verantworten oder beraten wir andere? – Innerhalb eines verantwortlichen Kreises wird das Manuskript für ein Heft beraten, das einige grundlegende Informationen über die Arbeit der Organisation vermitteln soll, für die der Kreis verantwortlich ist. Ich sehe in dem Manuskript einige grundlegende Mängel. Für den jetzt einsetzenden Beratungsprozeß ist es wichtig zu wissen, ob die entstehende Broschüre von dem ganzen Kreis zu verantworten ist oder ob ein einzelner die Verantwortung dafür übernimmt und dies auch dokumentiert. Im ersteren Fall kann die Broschüre nicht erscheinen, dafür sind meine Einwände zu gravierend. Im letzteren Fall liegt die Entscheidung bei demjenigen, der die Verantwortung übernimmt. Im Beratungsprozeß werde ich dann meinen Ehrgeiz dareinsetzen, ihn von der Unsinnigkeit seines Vorhabens zu überzeugen. Dennoch steht ihm am Ende die Entscheidung frei. – Je nach Zielsetzung der Beratung verläuft der

Beratungsprozeß anders, und die einzelnen haben darin eine je andere Funktion.

Weiterhin ist es ein großer Unterschied, ob ich eine Beratung zu einem Thema führe, für das kein Problem- oder Entscheidungsdruck vorliegt, oder ob ich – wie meistens – aufgrund irgendeines Anlasses berate. Geht es um eine weiterführende Beratung ohne konkreten Anlaß, so liegt erfahrungsgemäß die erste Klippe darin, daß man den Beratungszeitpunkt gerne verschiebt. Für die Qualität einer Arbeitsgemeinschaft aber ist es von Bedeutung, auch solche Ideen und Themen ins Auge zu fassen, zu denen nichts drängt. Denn diese führen geradewegs in die Zukunft, während Problemlösungsdebatten oft in einer mehr oder weniger gelungenen Bewältigung der Vergangenheit stecken bleiben. Wird eine Zukunftsidee beraten, so hängt wiederum Vieles davon ab, daß man sich dessen während der Beratung bewußt bleibt und nicht plötzlich dazu übergeht, den Nutzen dieser Idee für die Lösung verschiedener Probleme, die ja immer in genügendem Maße zur Verfügung stehen, zu diskutieren. Sonst geht die Idee bald verloren; man diskutiert dann statt dessen ihre Nutzanwendung oder zieht ihre Realisierbarkeit in Zweifel. Dafür gibt es bewährte Killerphrasen wie: „Das haben wir noch nie gemacht", „Das geht doch gar nicht!", „Wer soll das bezahlen?". Dabei wird auch oft der Denkfehler gemacht, bestehende Verhältnisse (die durch die Realisierung der Idee ja gerade verändert werden sollen) als Einwände gegen die Idee zu benutzen. Das ist so, wie wenn einem Konzept, den öffentlichen Nahverkehr zu Lasten des Autoverkehrs auszubauen, entgegnet würde, daß ja die vorhandenen Bahnkapazitäten nicht ausreichen und was man denn hinterher mit den vielen Straßen machen solle. Grundlegende Neuerungen („Paradigmenwechsel" nennt man sie seit Thomas S. Kuhn, 1962) haben in der Beratung nur eine Chance, wenn man mit ihnen bewußt anders umgeht als mit systemimmanenten Varianten. Wer etwas gestalten will, muß sich positive Ziele setzen, muß sie ständig im Auge behalten und weiterentwickeln. Es genügt nicht, auf Probleme zu reagieren oder „gegen" etwas zu sein.

Der weitaus meiste Beratungsbedarf ergibt sich erfahrungsgemäß aus vorliegenden Problemen und konkreten Fragestellungen. Hier kommt es auf dreierlei an. Erstens: Der Zeitpunkt
für den Einstieg in die Beratung darf nicht zu spät liegen. Die
Kunst besteht darin, ein Problem zu erkennen und aktiv aufzugreifen, bevor es wirklich entstanden ist. Wer wartet, bis es gar
nicht mehr anders geht, hat meist keine Alternativen mehr. Es
ist hier die verbreitete Neigung zu überwinden, nur das ins Bewußtsein zu nehmen, was empirisch vorliegt; denn dann müssen die Katastrophen erst eingetreten sein, bevor man sie wahr-
nehmen kann.

Genauso wichtig ist es, ein Thema nicht vorzeitig wieder aus
dem Auge zu verlieren. In schlechten Beratungsgesprächen
wird das Ende eines Themas durch die Uhr bestimmt, ohne
Sensibilität dafür, an welcher Stelle man stehen geblieben ist.
Was bleibt, ist dann nur einige Aufregung. Man kann in dieser
Hinsicht von einer fast schon typischen „Inkontinenz" von Gre-
mien sprechen: Sie können ihre Themen (jedenfalls die wichtigsten) nicht halten, sondern verlieren sie unterwegs.

Drittens: Auch bei Problemlösungen kann versucht werden,
nicht nur zu reagieren. Können darüber hinaus aktive Gestal-
tungsprozesse eingeleitet werden, durch die das Problem
gleichsam „überholt" wird? Können die Ursachen des Problems
behoben werden? Oder enthält es gar Anregungen für eine In-
novation? – Dann ist das ursprüngliche Problem in eine Chance
verwandelt worden.

Dauer im Wechsel

Ein so angelegter Beratungsprozeß ist außerordentlich lebendig.
Er erfordert eine ständige Bewußtseinsleistung, die man nach
Heraklit und mit Goethe bezeichnen kann als „Dauer im Wech-
sel". Der Beratungsgegenstand verändert sich im Verlauf des
Prozesses, und die Teilnehmer an der Beratung tun dies (hof-
fentlich) auch. Und doch geschieht das alles nicht beliebig. Es

herrscht hier kein Relativismus („es könnte ja auch alles ganz anders sein"). In einem fruchtbaren Beratungsprozeß kann sich sogar die Ausgangsfrage verändern. Es kommt darauf an, daß man sich das von Zeit zu Zeit bewußt macht, so daß man den Wandel nicht behindert, sondern gestaltet.

Wovon ich überzeugt bin, das bekommt für mich eine besondere Bedeutung: es wird existentiell. Ich verbinde mich mit meiner Einsicht. Und eine solche Verbindung werde ich nicht leichtfertig aufgeben; denn ich verändere mich ja selbst zusammen mit meiner Überzeugung. Was könnte es also Bedeutenderes geben, als die Veränderung einer Überzeugung und die Motive dazu mitzuteilen?

Dauer im Wechsel heißt dann: Pendelschlag zwischen Offenheit und Zugriff. Die Offenheit ist zu pflegen gegenüber den Andersdenkenden, den anderen Standpunkten. Und der Zugriff ist zu leisten gegenüber den eigenen Ansichten. Diese bedürfen der ständigen Prüfung und Verbesserung. – Nicht selten geschieht das Umgekehrte: Es wird versucht, Alternativen im Gespräch erst gar nicht zuzulassen, sondern sie mit den erwähnten Killerphrasen aus dem Feld zu schlagen; und sich selbst gegenüber ist man sehr großzügig: man leistet sich dies und das, es darf sich ruhig auch ein bißchen widersprechen. Wird man auf diese Beliebigkeit im Urteilen aufmerksam gemacht, so reklamiert man sie für sich gerne als „Freiheit".

Denkfallen

Fehler in Beratungsprozessen beruhen häufig auf Erkenntnisfallen. Es gibt Denkformen, die von der Existentialität des Erkenntniszugriffs wegführen oder, umgekehrt, diese fälschlich in Anspruch nehmen. Es sind erfahrungsgemäß vor allem drei:

  1. Schematisierung.
     In Debatten wird häufig schematisiert, rubriziert, es werden Schubladen auf- und zugezogen. Man versucht, eine

Frage durch Systematisierung zu bewältigen. Das kann für eine Beurteilung in gewissem Umfang sinnvoll sein, führt aber weder zu neuen Ideen noch zu konkreten Handlungen. Vielmehr können sich daraus Illusionen entwickeln, so daß eine zusammenarbeitende Gemeinschaft (eine Unternehmensführung, ein Schulkollegium usw.) in der Sphäre von Prinzipien, Grundgedanken oder Ideen lebt und diese mit der Wirklichkeit des eigenen Unternehmens verwechselt, die längst nicht (mehr) mit den ideellen Vorgaben übereinstimmt. Man bewegt sich dann auf einer Art ideologischen Luftkissens, immer einen halben Meter über der Wirklichkeit. Wer versucht, aus den eigenen Reihen darauf aufmerksam zu machen, wird nicht ernst genommen – die strukturelle Täuschung stabilisiert sich allmählich selbst und immunisiert sich gegen Kritik mit der stillschweigenden Voraussetzung: Wer uns kritisiert, kann nur Unrecht haben.

2. Rationalisierung.

Das verleitet nicht selten dazu, alles Konkrete hinter sich zu lassen. Man spricht dann über „alle" und „immer". Sobald man „denkt", kommt immer das Allgemeine ins Spiel. Es ist ja gerade die Leistung des Denkens, nicht im Detail stehenzubleiben, sondern dieses in einen größeren Zusammenhang hineinzustellen; denn dort zeigt es sich erst in seiner ganzen Wirklichkeit.

Manchmal wird eine Verallgemeinerung aber auch bewußt eingesetzt, um die eigene Meinung mit Allgemeingültigkeit zu schmücken. Man nennt das „Rationalisierung". Sie tritt in zweierlei Form auf: Zum einen dient sie der nachträglichen Rechtfertigung des eigenen Standpunktes. Und zum anderen wird der eigene Standpunkt oft gar nicht genannt, sondern statt dessen wird versucht, irgendeine allgemeine Ansicht durchzusetzen, aus der sich der (noch ungenannte) eigene Standpunkt nachträglich gut ableiten läßt. Nicht selten wird in einer Konferenz mit großer Verve um allgemeine Einsichten gekämpft. Der geübte Beobachter erkennt aber schnell, daß es sich hier um eine Art Schattenboxen handelt. Es geht um etwas ganz anderes als um das, was da diskutiert wird. Entweder geht es für die Beteiligten darum, einfach Recht zu behalten, das heißt ihre Machtposition auszubauen. Oder es geht darum, die Position des anderen auf einer „höheren" Ebene zu bekämpfen. Solchen Scheingefechten beizuwohnen, kann amüsant sein, ist aber auf jeden Fall zeitraubend. Wichtig bleibt, daß man es bei sich selbst merkt, wenn man dazu übergeht, mit Hilfe allgemeiner Weltgesetze das eigene Prestige oder den eigenen Vorteil zu verteidigen.

3. Der Sog des Beispiels.
   Zu beobachten ist aber auch das Umgekehrte. Wie man mit Verallgemeinerungen manipulieren kann, so kann man es auch mit Details. Und wie man durch Verallgemeinerungen gemeinschaftlich in eine illusionäre Sphäre geraten kann, so kann man auch durch Beispielbesessenheit die Wirklichkeit verfehlen. Wer zur Illustrierung seines Gesprächsbeitrags ein Beispiel anführt, erlebt nicht selten, damit das Ende einer sachbezogenen Debatte bewirkt zu haben. Bei den einen erregt es Emotionen, und es entsteht pauschale Aggressivität. Andere stürzen sich auf das Beispiel, um dessen Ungenügen darzulegen. Nicht selten wendet sich unvermerkt das Thema des Gespräches um: Das Beispiel steht im Mittelpunkt, nicht mehr die ursprüngliche Fragestellung. Alle versuchen, es auseinanderzunehmen oder zu verteidigen. Das Beispiel hat die Sache destruiert, die es erläutern sollte.

So wenig wie auf allgemeine Begriffe kann man auch auf konkrete Situationen verzichten. Beide sind nichts anderes als die Realisierung des Erkenntnisaktes, in dem Denken und Wahrnehmung zusammenkommen. Im Beratungsgespräch – und auch sonst im Leben – ergibt sich daraus die Aufgabe, beides in einem Gleichgewicht zu halten. Wer sich in Allgemeinheiten ergeht, verliert das Leben ebenso aus dem Blick wie derjenige, der sich an Einzelheiten festbeißt. Beide Fehlformen des Gesprächs werden auch manipulativ eingesetzt, wenn es darum geht, irgend etwas zu verhindern. Wer den Fortgang eines Gesprächs verhindern will, der braucht nur geeignete Allgemeinplätze oder ein etwas danebenliegendes Beispiel ins Gespräch bringen – dann kann er sich zurücklehnen und warten, bis die Gesprächszeit um ist. Das kann nur dadurch vermieden werden, daß andere wach genug sind, um das Abrutschen des Gesprächs auf Nebenkriegsschauplätze zu durchschauen und zu korrigieren.

Problemlösung statt Schuldsuche

Wenn einmal etwas mißlingt, wenn Pannen passieren oder sich Fehler einstellen: wie geht man damit um? – Hier sind zwei Verhaltensweisen üblich, die aber beide nicht weiterhelfen. Die eine besteht darin, den „Schuldigen" zu suchen, den Fehler auf dessen Haupt abzuladen und gegebenenfalls entsprechende „personelle" Konsequenzen zu ziehen. Die andere Verhaltensrichtung besteht darin, äußere Umstände für das Problem verantwortlich zu machen. Die „Außenwelt", die Geschäftspartner, die Konkurrenten, die Presse, die gesellschaftlichen Verhältnisse – sie sind schuld an unserer Misere. Wenn alle anderen so wären wie wir, gäbe es das Problem überhaupt nicht.

Der Bursch und die Maid
sind schuldlos beid!
Die Katentür ist schuld allein,
die sollte nachts verschlossen sein.

Bauernspruch

Beide Strategien, so unterschiedlich sie erscheinen, haben denselben Fehler. Sie konzentrieren sich auf die Suche nach einem Schuldigen, statt ein Problembewußtsein zu entwickeln. Wer unternehmerisch handeln will, darf bei keiner der beiden Positionen stehen bleiben. Es gilt viel mehr, statt dessen zwei andere Fragen zu stellen:

1. Wo liegt das Problem?

2. Wo liegen meine Gestaltungsmöglichkeiten?

Ein Schüler fälscht unter einer Klassenarbeit seine Note, indem er „sehr" vor das „gut" setzt. Was ist zu tun? – Natürlich wird man das nicht „durchgehen" lassen. Aber man wird disziplinarische Maßnahmen erst ergreifen, wenn man sich über eine ganz andere Frage Klarheit verschafft hat: Was hat den Schüler veranlaßt, diese Fälschung zu begehen? Es ging ja, bei der gegebenen Notenlage, nicht einmal ums „Überleben", sondern offensichtlich sah sich der betreffende Schüler unter einem Erwartungsdruck. Wer hat ihn ausgeübt? Die Eltern weisen das entrüstet von sich. Auch die Lehrer sind sich keiner Schuld bewußt. Und die Klassenkameraden? – So einfach ist es also gar nicht. Oder war es nicht Erwartungsdruck, sondern Prestigebedürfnis? Oder was war es wirklich? – Dieser Frage kommt ein erhebliches Gewicht zu, vor dem die Aufregung über die „Urkundenfälschung" in den Hintergrund tritt. Wer hier einfach disziplinarisch vorgeht, hat es sich zu leicht gemacht, er hat das Wesentliche weggelassen. Er hat Schuld bestraft, aber Problemlösung vermieden. – Oder: Nach der gelungenen Aufführung eines Schulchors werden Noten zerrissen und in Brand gesteckt. Und das nicht nur einmal. Was ist hier zu tun? Beim nächsten Mal wird vorher ein Pfand für die Noten einkassiert. Möglicherweise genügt das, um weitere Vorkommnisse dieser Art zu verhindern. Also eigentlich ganz pfiffig? Aber die Hauptsache wäre: sich zu fragen, *warum* sich eine derartige Aggression in den Schülern angestaut hat (und gegen wen?), daß sie die Noten mißhandeln. Wird diese Frage gar nicht untersucht, so hat die Schulleitung eine elementare Pflicht versäumt. – Werden Probleme nicht erkannt oder nicht aufgegriffen, so werden sie leicht zum Herd undurchschaubarer Gespensterbildungen (siehe oben Kapitel 3) und bekommen eine Eigendynamik.

Nur nach der Schuld, aber nicht nach der Problemgenese zu fragen, kann sogar selbstwidersprüchlich sein. Wenn Pädagogen beklagen, daß ihre heranwachsenden Schüler „so unselbständig" seien, wie man das früher nie erlebt habe, findet man dafür Faktoren der Außenwelt, der Gesellschaft, der Familiensituation usw. Aber man muß doch auch die letzte Frage stellen: Was habe ich als Pädagoge zu dieser wachsenden Unselbständigkeit beigetragen? Habe ich vielleicht den Wandel der Zeit verpaßt und unterrichte nach Gesichtspunkten, die vor zwanzig Jahren aktuell waren? Sind mir die Ideale einer Jugendgeneration entgangen, die sich vielleicht von früheren Generationen erheblich unterscheiden? Habe ich bei meinem Unterricht vielleicht nur Lehrplan und menschenkundliche Grundkenntnisse im Bewußtsein gehabt, nicht aber konkrete Situationen und konkrete Menschen? Oder auch: Warum ist mir die Tendenz zur Unselbständigkeit, die sich in der Pubertät so richtig auswirkt, nicht schon früher aufgefallen?

Gelingt es, Problembewußtsein an die Stelle von Schuldzuweisung zu setzen, so bekommen meine Handlungen einen ganz anderen Zug. Nicht selten gibt jeder sein Bestes, und trotzdem geht es schief. Man muß offenbar ganz anders vorgehen. Am Beispiel des Nahverkehrs: In den 60er Jahren waren immer mehr Menschen „individuell" motorisiert, immer weniger benutzten den öffentlichen Nahverkehr. Um die dadurch entstehenden Defizite nicht weiter zu steigern, wurden die Preise erhöht und die Fahrpläne ausgedünnt. Damit war eine Schraube in Gang gesetzt. Es war bald billiger, mit dem Auto in der Stadt herumzufahren als mit der Straßenbahn. Die öffentlichen Verkehrsmittel wurden immer leerer. Wurden dann die wenig genutzten Randzeiten (vor allem spät abends) abgeschafft, blieb gar nichts übrig, als auch morgens das Auto zu nehmen, wenn man abends noch heimkommen wollte. Als nächstes wurden „unrentable" Strecken stillgelegt, was wieder verstärktes Autofahren zur Folge hatte. Inzwischen ist – mit ungeheurem finanziellen Aufwand – die umgekehrte Schraube in Gang gesetzt worden, bis dahin, daß stillgelegte Strecken wieder benutzbar gemacht werden. Was man damals vermeiden wollte, macht man heute gezielt: Man steckt viel Geld in den öffentlichen Nahverkehr. Nur nennt man es nicht mehr Subvention, sondern Investition, denn man setzt auf die Zukunft. – Damit soll nicht behauptet werden, daß die Einsichten heute größer seien als damals. Inzwischen haben sich die gesellschaftlichen und wirtschaftlichen Rahmenbedingungen ebenso geändert wie die ökologischen Grundsätze. Aber eines ist sicher: *damals* wäre es fortschrittlich gewesen so zu handeln, wie es heute gelegentlich geschieht. – An diesem Beispiel kann man sich rückblickend leicht vor Augen führen, was auch für viele andere Bereiche gilt: im Sozialen ebenso wie im Bereich des Lebendigen genügt ein lineares Kausalitätsdenken nicht. Hier herrschen Wechselwirkungen. Ihre Gestaltung erfordert neue Denkweisen: Problemdenken statt Schuldzuweisung, Systemdenken statt Tatsachenfixierung, Entwicklungsdenken statt Reagieren.

Wer solche Fähigkeiten bei sich entwickeln will, kann sich selbst einige Leitfragen stellen:

1. Gelingt es mir, aus dem Mißlingen, der Bedrohung oder der Panne ein „Problem" zu machen, d. h. seine Ursprünge, Zusammenhänge und Eigenschaften zu erkennen?
2. Kann ich erkennen, ob ich selbst zu dem, was mich da bedroht, beigetragen habe?
3. Kann ich unterscheiden zwischen Schuldsuche und Problemlösung?
4. Kann ich darüber hinaus das Problem in eine Chance verwandeln?

Ergänzend: Warum gelingt so manches nicht, obwohl gar kein Bösewicht mit am Tisch sitzt? Wie werden Ideen gebildet, und wie werden sie im Leben wirksam? – Grundsätzliche Überlegungen dazu finden sich unten im Kapitel „Stufen geistiger Aktivität".

Welche Regierung die beste sei? Diejenige,
die uns lehrt, uns selbst zu regieren.

Goethe, Maximen und Reflexionen

Eins ist das Weise: die Einsicht zu verstehen,
die alles durch alles hindurch steuert.

Heraklit, Fragment 41

5.

ENTSCHLUSS

Wenn die Beratung zu Ende gekommen ist, wird die Entscheidung in einem getrennten Akt gefällt. An der Beratung sollten sich alle beteiligen können, die sich engagieren wollen. Es wäre unsachgemäß, auf eine gute Idee nur deshalb zu verzichten, weil ihr Träger nicht zu einer „internen Konferenz" o. ä. gehört. Diese Offenheit kann man sich leisten, wenn von vornherein feststeht, wer hinterher den Entschluß zu fassen hat. Die Trennung von Beratung und Entschluß bewirkt zweierlei: Zum einen eine ungestörte Beratungsphase und zum anderen eine verantwortungsvolle Entscheidungsfindung. Während der Beratung bleibt man im Bereich des Erkennens, der Entschluß leitet zum Handeln über. Es kommt darauf an, daß diese Überleitung gelingt. Üblicherweise machen sich einige Mitglieder eines Gremiums (einer Konferenz usw.) Gedanken zu einer Fragestellung und bringen diese in das Plenum ein. Das Plenum fängt aber oftmals selbst dann, wenn eine Beauftragung ausgesprochen worden war, noch einmal gemeinschaftlich von vorne mit der Beratung an, verbringt damit viel Zeit und kommt doch oft einer Lösung wieder recht ferne. Das kann sich in der nächsten Sitzung mit leicht veränderter Teilnehmerschaft noch einmal wiederholen. Zugrunde liegt wohl die Einstellung: Überlegungen anstellen mögen andere, wenn aber eine Entscheidung fällt, möchte ich doch unbedingt beteiligt sein. Aber schon wenn die Frage auftaucht, wer die von allen getroffene Entscheidung wirklich verantwortet, kann die Luft dünn werden. Viele verstecken sich hinter dem „Konferenzbeschluß", einige stellen sich fairerweise davor, wenn es nötig wird, aber kaum einer steht wirklich dahinter. Oftmals ist durch Kompromißbildung etwas herausgekommen, was niemand so gewollt hat. Im Zusammenhang mit der Transparenz war von einer irrealen „Gespensterbildung" die Rede. Ähnliche „Gespenster" gibt es auch hier. Neben das Vorstellungsgespenst tritt das "Beschlußgespenst": Formal ist etwas geschehen, aber substantiell steckt nichts dahinter. – Im Zeichen des Individualismus ist das Verfahren genau umzudrehen: Möglichst viele nehmen am Beratungsprozeß teil, aber die Entscheidung treffen wenige (oder sogar einer allein). Üblicherweise denkt man: wer entscheidet, muß auch verantworten (auch wenn das so oft nicht klappt). Fruchtbarer wäre es zu sagen: Wer (eine bestimmte Maßnahme) zu verantworten hat, der soll auch die Entscheidung treffen. Entscheidungen werden damit weniger zu einer Prestigefrage des Wünschens und Dürfens als vielmehr zu einer ernsten Aufgabe. Wer die Entscheidung fällt, ist natürlich verpflichtet, die Ansicht aller Betroffenen zu kennen. Nur in diesem Gesamtbewußtsein (vgl. „Beratung") kann er entscheiden; in der Entscheidung ist er aber frei. Umgekehrt sind alle zur Mitwirkung verpflichtet, die zu der in Frage stehenden Sache etwas beizutragen haben. Die Beratungspflicht ist eine zweiseitige: Die jeweiligen Entscheidungsträger müssen die Beratung suchen (passive Beratungspflicht), alle anderen sind verpflichtet, sich der Sache anzunehmen (aktive Beratungspflicht). Subjektive Willkür hat in diesem Zusammenspiel keine Chance. Entscheiden heißt dann nicht Macht ausüben, sondern Kompetenz darleben und Verantwortung übernehmen.

Durch die Trennung von Beratung und Entschluß einerseits und durch die Individualisierung des Entschlusses andererseits können verschiedene Nebenwirkungen vermieden werden, die die herkömmliche Entscheidungsfindung oft so unfruchtbar machen: das Individualitätsproblem (keiner steht ganz dahinter), das Sachproblem (Entscheidungen ohne ruhige Beratung sind oft sachlich unreif und müssen revidiert werden) und das Gemeinschaftsproblem (notwendige Entscheidungen werden oft gar nicht getroffen oder nur zögerlich umgesetzt. Es fehlen Verläßlichkeit und soziale Akzeptanz). Mit anderen Worten: Entscheidungsfindung auf der Basis des Individualismus ermöglicht größere Sachgerechtigkeit, Sozialverträglichkeit und innere Konsequenz. Denken, Fühlen und Wollen der einzelnen kommen ungehindert zum Zuge.

Es gibt Entscheidungen, die leicht fallen, und andere, bei denen das nicht der Fall ist. Wenn im Beratungsprozeß die Sachfragen optimal gelöst und (deshalb) die Beteiligten zufriedengestellt werden konnten, entsteht, wie erwähnt, Evidenz. Im anderen Falle braucht man tragfähige Alternativen, zwischen denen zu wählen ist. In beiden Fällen geht der Entschluß über die Beratung hinaus: ich identifiziere mich mit dem Ergebnis der Beratung bzw. mit einem ihrer alternativen Ergebnisse. Das bedeutet zum einen, daß ich dieses Ergebnis in meinen Willen aufnehme und entsprechend handle. Das ist keineswegs eine Formalität. Es erfordert Entschluß-*Kraft*. Und zum anderen ist mit dem Entschluß individuelle Verantwortung verbunden. Man kennt die Karikatur eines „Entschlusses", bei der es genau umgekehrt ist: Zuerst wird der Entschluß (insgeheim) gefaßt und dann eine Beratung veranstaltet, die der nachträglichen Begründung der bereits feststehenden Willensintention dient. Wer ganz geschickt vorgeht, wälzt damit gleichzeitig die Verantwortung auf alle Beteiligten ab.

Bei der Beratung wurde von der Existentialität des Erkennens gesprochen: ich verbinde mich mit dem, was ich erkenne. In ähnlicher Weise handelt es sich beim Entschluß um eine Existentialität des Handelns: ich übernehme Verantwortung für das, was ich tue. Entschluß ist Identifikation und Verantwortung, und beides kann man nicht teilen. Es gibt immer wieder Versuche, Entscheidungsfindungen dadurch zu sozialisieren, daß verschiedene Stufen der Entscheidung verschiedenen Personen oder Kreisen übertragen werden sollen. Beispielsweise

bei der Vergabe von Fördermitteln: Die einen sollen das zu för-
dernde Vorhaben sachlich begutachten, die anderen sollen die
wirtschaftliche Seite prüfen; und möglichst noch einmal andere sollen dann den Förderbeschluß fassen, wobei diese letzte
Entscheidung an die beiden Vorentscheidungen gebunden wäre, also deren Interpretation gleichkäme. Eine solche Differen-
zierung der Kompetenzen kann im Rahmen des Beratungsprozesses sinnvoll sein, nicht aber bei der Entscheidung. In diese
käme dadurch ein schwerwiegender Fehler herein: Niemand
wäre für die endgültige Entscheidung voll verantwortlich. Differenzierte Täterschaft bewirkt letztlich Verantwortungslosig-
keit. Das zeigen manche Behördenentscheidungen, wo der einzelne nur eine Kombination von „Vorschriften" und „Weisungen" durch Vorgesetzte herstellt. Liegt dieses Prinzip weitrei-
chenden Entscheidungen zugrunde, so bewirkt es großes Un-
heil. Das kann an den Auswüchsen der totalitären Gesellschaften im 20. Jahrhundert studiert werden. Der eine sammelt nur
die Informationen über einen Mitbürger. Der zweite stellt sie
zusammen und macht daraus ein Gesamtbild. Auch das ist eine
harmlose, beinahe „wissenschaftliche" Tätigkeit. Der dritte
entscheidet aufgrund dieses Gesamtbildes, ob der Überwachte
„gefährlich" ist und was mit ihm geschehen soll. Er hat auch
nur die Schlüsse gezogen aus dem Material, das ihm vorlag.
Der vierte fällt das (öffentliche oder geheime) Urteil nach den
geltenden Vorschriften, die er persönlich nicht zu verantworten
hat. Der fünfte vollstreckt das „Urteil" und kann sich dabei auf
höhere Weisung berufen. Es bleibt ihm gar nichts anderes übrig. Wer hat also den Dissidenten umgebracht? – Am Ende war
es keiner, und das Erstaunen ist bekanntlich groß, wenn später
einer aus dieser Kette, der nur „pflichtgemäß" gehandelt hat,
für den Gesamtprozeß und sein Ergebnis in Anspruch genommen werden soll. – Es geht hier nicht darum, die Verfolgung
eines Menschen und die Vergabe von Fördermitteln inhaltlich
zu vergleichen. Es kommt aber darauf an zu sehen, welcher Art
die Entscheidungsprozesse sind, zu denen man sich entsch-
ließt. Wer auf der Basis des Individualismus Entscheidungen

treffen will, wird alle Zumutungen zurückweisen, die darin bestehen, einen Teilentschluß zu fällen oder zu verwirklichen, ohne das Ganze zu kennen und mit zu verantworten. Verantwortung ist beim „Ich" festzumachen, nicht bei einer gesellschaftlichen Funktion.

Noch eine andere Unterscheidung ist hier wichtig. Es gibt im praktischen Leben juristische Entscheidungen und unternehmerische Entscheidungen. Ihnen gemeinsam ist, daß nach ausführlicher Beratung unter Beteiligung vieler Betroffener und Nichtbetroffener die Entscheidung durch einzelne gefällt wird. Ein nicht zu vernachlässigender Unterschied aber besteht darin, daß in der juristischen Entscheidung die Entscheidungsträger sich außerhalb des zu beurteilenden Geschehens befinden. Die Sache ist für sie ein „Fall". Wer selbst verwickelt ist, wird rechtzeitig aus dem Verkehr gezogen („Befangenheit"). Bei der unternehmerischen Entscheidung aber sind die Entscheidungsträger in die Sache involviert. Je stärker sie involviert sind, um so größer ist ihre Entscheidungskompetenz. Es geht hier nicht um Gerechtigkeit, sondern um die Fruchtbarkeit der Entscheidung. (Daß im Rahmen der allgemeinen gesellschaftlichen Verhältnisse die Prinzipien der Gerechtigkeit dabei nicht verletzt werden dürfen, ist selbstverständlich.) Die erwähnten Versuche, einen Entschluß zu differenzieren, dürften auch darauf zurückzuführen sein, daß man den Charakter der unternehmerischen Entscheidung verkennt. Bei ihr geht es nicht darum, sich gegenseitig an eigenständigem Handeln zu hindern, sondern alle Gesichtspunkte in ein gemeinsames und möglichst fruchtbares Gestalten zu überführen. – Jede Organisation, die Entscheidungen trifft, muß sich Klarheit darüber verschaffen, welcher Art diese sein sollen. Geht es zum Beispiel bei einer Mittelvergabe um möglichst gleichmäßige Berieselung aller vorbereiteten Felder, oder geht es darum, Schwerpunkte zu setzen und Gesichtspunkte zu fördern, die man als Entscheidungsträger für bedeutend erkannt hat. Im letzteren Falle wird es auch bei der Mittelvergabe eine differenzierte Beratung geben, und danach eine Beschlußfassung aus *einer* Hand.

Der Kreis der Überlegungen kehrt hier zurück zu seinem Ausgangspunkt, zur „individuellen Begegnung". Die Qualitäten des Ich, von denen dort die Rede war, werden gefördert durch die Prozesse der Transparenz, Beratung und Entscheidung. Diese Prozesse leben ihrerseits davon, daß die beteiligten Individualitäten über ihr Subjekt-Ich hinauswachsen. In den Prozessen leben die Früchte der sich weitenden Individualität – und zugleich sind sie deren Übungsfelder. Auch hier gibt es also keine linearen Voraussetzungen und Folgen, sondern Wechselwirkungen. Wer sich auf diese Prozesse praktisch einläßt, sieht, daß sie zu verwirklichen sind. Wer sie als Utopie abstempeln wollte, müßte zugleich alles Reden über „Individualität" und „Verantwortung" einstellen und sich mit vorstrukturierten Rollenabläufen oder sauber exerzierten Mehrheitsmeinungen begnügen. Hier werden noch einmal die Prozesse zusammengefaßt. In ihrer Wechselwirkung und Durchdringung konstituieren sie den Individualismus als Sozialprinzip:

Die Prozesse	Die individuellen Fähigkeiten	Die sozialen Leistungen	Die Äußerungsformen
Individuelle Begegnung	Empfänglichkeit (Interesse)	Vertrauen (Du)	Dialog
Transparenz	Überblick (Zusammenschau)	Klarheit (vom Wir zum Ich)	Information
Beratung	Gestaltungskraft (Ideenfähigkeit)	Sachgerechtigkeit (vom Ich zum Wir)	Ideenbildung
Entschluß	Initiative (Willenskraft)	Verantwortung (Ich)	Willenserklärung

Die Prozesse im Zusammenhang

Im Rückblick kann noch einmal die Reihenfolge der vier Sozialprozesse betrachtet werden. Individuelle Begegnung stellt die Situationen her, in denen das Leben und Handeln stattfindet. Ihr entgegengesetzt erscheint die Transparenz, durch die alle das Gleiche erfahren. Der einzelne wird hier ein Stück weit aus sich selbst herausgehoben und mit allgemeinen Sachverhalten und Anforderungen konfrontiert. Gleichzeitig wird in der Transparenz die Grundlage dafür gelegt, wie der einzelne innerhalb des Ganzen fruchtbar handeln kann. Er kann eigene Aktivität entwickeln. Erst aus der Klarheit des Überblicks findet er seinen spezifischen Ort. Zugleich aber kann ihn der Gesamtblick verunsichern oder sogar lähmen. Er sieht sich veranlaßt, gewohnte Positionen aufzugeben. Er steht vor einem Nadelöhr oder gar an einem Nullpunkt.

Dieses Durchgehen durch den Nullpunkt ist wichtig, wenn es nun im dritten Prozeß, der Beratung, darum geht, Neues zu finden und Situationen zu gestalten. Wer sich von dem Mitgebrachten nicht tendentiell trennen kann, kann auch das Neue nicht wirklich herbeiführen. Ohne Problembewußtsein keine Lösungsmöglichkeit. Aber dieser Schritt hat für den einzelnen Menschen darüber hinaus existentielle Bedeutung. Es gilt, die entstandene Unsicherheit zu gestalten, ohne fluchtartig eine neue, von außen gegebene Sicherheit zu suchen. – In der Beratung geht es darum, zusammen mit anderen in einen Prozeß zu kommen, der wiederum eine Art Metamorphose zur Transparenz darstellt. Es geht um Ideenfindung und gemeinsame Entwicklung. Die vorgefundene Situation wird verwandelt.

Der Entschluß steht zur Beratung in einer ähnlichen Polarität wie die Transparenz zur Begegnung. Er ist der Schritt vom existentiellen Erkennen zum existentiellen Handeln. Im Beschluß komme ich zu einer neuen Identität, welche die Arbeitsgemeinschaft, die gemeinsame Zielsetzung und die konkreten Handlungen umschließt. Mein Selbst ist größer geworden. Am Anfang stand es den anderen Menschen und der Welt gegenüber. In der im Entschluß ergriffenen Verantwortung schließt es die Arbeitsgemeinschaft mit ein. Was vorher „außen" war (die anderen Menschen, die „Welt"), ist jetzt in den Willensraum hineingerückt. Das Ich hat sich erweitert. Früher glaubte ich vielleicht, daß vor allem „die anderen" mich behindern. Jetzt stehe ich in Auseinandersetzung mit mir selbst.

Zusammengefaßt könnte man formulieren:

1. Begegnung: Situationen kennenlernen.

2. Transparenz: Unsicherheit durch Aufgabe des Gewohnten aushalten und daraus (trotzdem) Eigentätigkeit entwickeln.

3. Beratung: Das Vorliegende verwandeln.

4. Entschluß: Sich in der Verantwortung mit dem Ganzen identifizieren.

Es wurde bereits erwähnt, daß die vier genannten Prozesse ständig ineinanderwirken. Der Begegnungscharakter ist überall aufrecht zu erhalten, Transparenz durchzieht alle Akte des sozialen Geschehens, Beratung bildet die Haupttätigkeit der Arbeitsgemeinschaft, und von der individuellen Verantwortung kann sich auf Dauer niemand ausschließen. Dieses gegenseitige Durchdringen der Prozesse ist auch festzuhalten, wenn man sie in einer Reihenfolge sieht, die Metamorphose und Steigerung bedeutet. Man sieht dann, daß der jeweils vorausgehende Prozeß die Grundlage des nächsten bildet, obwohl dieser ganz anders, in vieler Hinsicht sogar wie umgekehrt, erscheint. Im Zuge dieser vier Sozialprozesse, die nicht erlitten, sondern aktiv ergriffen werden, kann der einzelne eine seelische Entwicklung durchmachen, die mit dem Weg der Seele seit alters verbunden ist und in ihrer christlichen Form bestimmte Namen erhalten hat:

1. Die Begegnung: Aufnahme.

2. Die Transparenz und ihre Folgen: Opferung.

3. Die Beratung und ihr Ziel: Wandlung.

4. Der Entschluß und seine Konsequenz: Wesensvereinigung.

Daß seelische Fähigkeiten in den Sozialprozessen eine besondere Rolle spielen, kommt nicht von ungefähr. Keiner der Sozialprozesse war schon bis hierher ohne Hinweis auf die Steigerung individueller Fähigkeiten zu beschreiben. Um diese gesondert ins Licht zu rücken, folgen nun zwei Kapitel, die diesen Kräften gewidmet sind. Es handelt sich um den Dialog als soziale Kraft und um die Stufen geistiger Aktivität.

Sie verstehen nicht, wie Auseinanderstrebendes
mit sich selbst übereinstimmt: Gegenstrebiges
Gefügtsein wie bei Bogen und Leier.

Heraklit, Fragment 51

6.

DIALOG

Die Prozesse der Zusammenarbeit, wie sie bisher beschrieben wurden, unterscheiden sich von sozialen Strukturen dadurch, daß sie Beschreibungen enthalten und keine Vorschriften. Das Präskriptive und Allgemeinverbindliche der traditionellen Sozialordnung wird durch eine bestimmte individuelle Kraft ersetzt. Diese wird hier „Dialog" genannt und soll im folgenden etwas näher beschrieben werden.

Für ein sachbezogenes Gespräch bietet sich als Gesprächsform zunächst die *Diskussion* an. Sie geht in der Regel so vor sich, daß man von dem, was der andere gesagt hat, das (angeblich oder tatsächlich) Unzureichende aufgreift und zu widerlegen versucht. Eine Eigenart des Diskutierens ist daher, daß vor allem das Negative zur Sprache kommt, dasjenige, was zu kurz gedacht, falsch oder schlecht ist. Diskussionen zeigen im Ergebnis oftmals recht klar, was *nicht* geht. Was weiterführen könnte, entsteht dann durch Subtraktion: Förderlich ist, was übrig bleibt, wenn das Unzuträgliche ausgeschieden wurde. Neue Ideen werden deshalb gewöhnlich nur dann in eine Diskussion eingebracht, wenn sie bereits gut abgesichert, also nicht mehr taufrisch sind. Diskussionen erweisen sich ihrer Natur nach als wenig innovativ. Dazu kommt noch etwas anderes: Mit der Zurückweisung einer geäußerten Ansicht wird immer auch die Persönlichkeit ihres Urhebers getroffen. Man ist ja eigentlich durchaus willens, das Beste anzunehmen und selbst zu lernen. Aber man läßt nicht gerne auf sich sitzen, unzulänglich gewesen zu sein. Das ruft oftmals die langwierigsten Rechtfertigungsmanöver hervor. Ein solcher Abwehrmechanismus wird immer dann ausgelöst, wenn die eingebrachte Meinung Kritik erfährt – und gerade dazu ist die Diskussion ja da. – Ist man auf der Suche nach neuen Ideen, wird in der Regel die Diskussion ergänzt durch andere Gesprächsformen, die diesen Nachteil nicht haben, z.B. das sogenannte „brainstorming". Hier versagt man sich, eine geäußerte Ansicht zu kritisieren. Die Teilnehmer sprudeln ihre Gedanken möglichst unbefangen heraus. Brainstorming ist eine Art geistiger Lockerungsübung. Ob das, was dann geäußert wird, auch brauchbar ist, entscheidet ein getrennter Arbeitsgang, in der Regel eine Diskussion. Brainstorming bringt so zutage, was in den einzelnen Teilnehmern lebt. Eine fruchtbare Interaktion, eine gegenseitige Anregung und Steigerung ist darin jedoch nicht veranlagt. – Gibt es vielleicht eine Form des Gesprächs, die solches leistet, dabei aber trotzdem nicht Gegebenes zurückweist, sondern Zukünftiges in den Blick nimmt; die Gemeinsames entstehen läßt, statt den individuellen Beitrag zu korrigieren; die das Lebensgefühl der Teilnehmer anregt, statt es zu dämpfen? Eine solche Gesprächsform soll nun im folgenden etwas eingehender beschrieben werden.

Ihre wesentlichen Elemente lassen sich so charakterisieren:

> ▷ Das *Fruchtbare* aufgreifen, nicht das Falsche.

> ▷ *Sachinteresse* statt Prestigefragen.

> ▷ Einen *gemeinsamen* Blick suchen statt Widerstreit.

> ▷ *Überzeugen* wollen, nicht überreden.

> ▷ *Aspekte* denken statt Gegensätze. Kooperation statt Strategie.

▷ *Verstehen des fremden Wollens* und seiner Motive statt den eigenen Willen durchzusetzen.

▷ Die Gedanken des anderen selbst *zu Ende denken* statt sie abzublocken.

▷ *Ideen* gemeinsam *weiterentwickeln*, statt vorhandene zu selektieren.

Dialoge zu führen statt Diskussionen kann man nicht einfach beschließen. Zu sehr widerspricht das Dialogische allem Gelernten, Tradierten und Anerkannten. Es bedarf dazu einer inneren Umwendung.

Haltungen des Dialogischen

Diese Umwendung hat mehrere Aspekte. Erkenntnis, Gefühlsleben und Willenstätigkeit erhalten eine neue Orientierung. Es geht darum,

1. gemeinsam den Zusammenhang mit der Wirklichkeit herzustellen;

2. den anderen Menschen im Verstehen und Mitteilen erreichen zu wollen;

3. die Gefühle in den Dienst des gegenseitigen Verstehens zu stellen;

4. die gemeinsame Sache vorwärts zu bringen;

5. sich auch dem Ungewohnten zu öffnen.

*1. Gemeinsam den Zusammenhang mit der Wirklichkeit
herstellen.*

Schon der Entdecker des Diskutierens, Protagoras von Abdera
im 5. Jahrhundert vor Christus, hat beschrieben, daß sich im
Diskutieren Inhalt und Form trennen können; es kommt darauf
an, formal überlegen zu sein. „Die schwächere Rede zur stär-
keren machen zu können" – also z.B. der ungerechten Sache
zum Sieg zu verhelfen – war eines seiner Lehrversprechen, die
damals in Athen einen Skandal hervorriefen. Sieger in der Diskussion ist derjenige, der keinen Widerspruch mehr erfährt;
und sei es nur deshalb, weil ihm niemand rhetorisch gewachsen ist.

Was hier mit „Dialog" gemeint ist, verliert demgegenüber
die Suche nach Wirklichkeit nie aus den Augen. Das kann sogar so weit gehen, auf einen nur formalen Sieg zu verzichten,
selbst wenn er möglich wäre. In einem Verkaufsgespräch kann
es mir darauf ankommen, daß der Kunde auf jeden Fall etwas
mitnimmt. Ich kann aber meine Bemühung auch darauf abstel-
len, den Kunden wirklich zufriedenzustellen. Habe ich die Bedürfnisse des Kunden erkannt und bin ich in der Lage, ange-
messenen Rat zu geben, selbst dann, wenn ich das für diesen
Kunden geeignete Produkt gerade nicht vorrätig habe?
„Dummheit" sagen hier die einen; „Geschäftsgrundlage der
Zukunft" die anderen. In ähnlicher Weise kann ich bei jedem
Gespräch fragen: Wie kann ich mich durchsetzen? Oder aber:
Ist mein Beitrag sachgerecht? Formale Erfolge haben ja oft
recht kurze Beine. Der Kunde hat zwar *jetzt* etwas gekauft –
aber ob er je wiederkommt? (Deshalb unterscheiden manche
Verkäufer zwischen Einheimischen und Touristen: Der Tourist
kommt auf keinen Fall wieder und sollte unbedingt jetzt möglichst viel mitnehmen!) In einer Zeit der Überflutung mit vorfa-
brizierten Vorstellungen bedarf es einiger Übung, um den Blick
auf die Wirklichkeit im „Meinungsgestöber" (Martin Walser)
nicht zu verlieren. Wie leicht werden Tatsachen mit Ansichten
über Tatsachen verwechselt! Wie leicht werden subjektive Be-

obachtungen unzulässig verallgemeinert! Wie oft dient dasjenige, was sich als wohldurchdachte allgemeingültige Erkenntnis gibt, nur einer Rechtfertigung selbstbezogener Vorteilsnahme! Wie oft suche ich Ursachen für einen Sachverhalt, ohne zu bedenken, wie subtil die Wechselwirkungen zwischen sogenannten Ursachen und sogenannten Wirkungen sein können! Wie leicht halte ich Momentaufnahmen für angemessene Bilder der Wirklichkeit, anstatt den augenblicklichen Zustand als Etappe in einem größeren Veränderungsprozeß zu sehen! Wieviel von dem schließlich, was ich höchst individuell zu denken meine, bewegt sich in ausgefahrenen Geleisen und innerhalb vorgegebener ideologischer Horizonte? Dialogpartner werden sich in dieser Hinsicht weniger mit Behauptungen überschütten, als sich aus solchen Beschränkungen gegenseitig heraushelfen. Ausgehend von dem gemeinsamen Problembewußtsein, wie schwer die „Wirklichkeit" im genannten Sinne zu erreichen ist, werden sie zu einem gemeinsamen Fragehorizont vorstoßen und in dessen Folge auch zu gemeinsamen Erfahrungen und Gedankenfolgen.

Von einer möglichen Sachgerechtigkeit des Denkens auszugehen, birgt größere Schwierigkeiten als auf den ersten Blick ersichtlich ist. Wer es versucht, ist mit dem Einwand bedroht, hinter Kant zurückzufallen und einem naiven Essentialismus zu huldigen. Das neuzeitliche Denken hat sich hier in ganz andere Richtungen bewegt (ausführlich bei Dietz 1996, S. 24ff.). Und auch das gegenwärtige Alltagsbewußtsein geht, wie eingangs schon erwähnt, von einer prinzipiellen Selbstbezogenheit des Menschen aus. Er strebt danach, sich selbst zu „verwirklichen". Er macht sich die „Wirklichkeit" dienstbar, hat sie aber als Bezugsgröße des eigenen Erkennens und Handelns weitgehend verloren.

Die erste Haltung des Dialogischen zu pflegen, setzt also eine innere Umwendung Galileischen Ausmaßes voraus. Bleibt menschliches Denken prinzipiell subjektorientiert, so dient dialogisches Verhalten höchstens der Verschönerung sozialer Befindlichkeiten, trifft aber keine Wirklichkeit. Wegen der besonderen Bedeutung dieser Frage für den Dialog wird im nächsten Kapitel darauf näher eingegangen („Stufen geistiger Aktivität").

In eine andere Richtung blickt die zweite Haltung des Dialogischen:

2. Den anderen im Verstehen und Mitteilen erreichen wollen.

Wenn ich einem anderen Menschen etwas sage, so will ich ihn meistens zugleich zu etwas bewegen, sei es zu einer Ansicht oder zu einer Handlung. Das gilt selbst dann, wenn ich reine Aussagesätze formuliere („das Zimmer ist nicht aufgeräumt") oder scheinbar inhaltslos rede („naja!"). Mein Reden dient unwillkürlich der Beeinflussung. Führe ich hingegen einen Dialog, so will ich nicht Ansichten verbreiten, sondern Einsichten gewinnen – möglichst solche Einsichten, die keiner der Gesprächspartner von sich aus eingebracht hatte. Ich lege es auf einen gemeinsamen Erkenntnisprozeß an und gehe nicht davon aus, daß ich recht habe, so lange mir niemand erfolgreich widerspricht. Ich *will* die Welt mit anderen Augen sehen lernen, und ich *will nicht* meinen Gesprächspartner zu irgend etwas veranlassen, was nicht aus dessen eigener Einsicht entspringt. Ich will ihn überzeugen, nicht überreden. Ich will nichts als gemeinsames Verstehen herstellen und vertraue darauf, daß jeder, mit solchem Verständnis begabt, dann schon von selbst das Richtige tun werde. Ich verzichte von vornherein darauf, den Willen des anderen zu beeinflussen. Ich interessiere mich für die Motive seines Wollens, denn sonst kann ich ihn nicht wirklich verstehen. Ich möchte wissen, was er denkt, und nicht nur, was er sagt. Ich möchte auch verstehen, *warum* er es denkt und sagt. – Ich benutze nicht die Schwächen des anderen, bediene mich nicht seiner „Persönlichkeitsstruktur", um ihn zu manipulieren. Umgekehrt achte ich darauf, daß mein eigener Erkenntniswille nicht von Opportunismen irgendwelcher Art beeinflußt wird (Karriereaussicht, Anpassung an herrschende Ideologien, gesellschaftliche Erwartungshaltung, political correctness usw.).

Die Probleme des Willens, die damit angesprochen sind, sind nicht geringer als die des Denkens in der ersten der beschriebenen Haltungen. Es gilt weithin als ausgemacht, daß menschliches Handeln nur eigenen Zwecken dienen könne und sich auf andere Menschen nur zum Zwecke der Machtausübung oder aus Schutzbedürfnis einlasse. Wer einen Dialog führen will, muß sich die Frage stellen: Beherrsche ich meinen Willen, oder beherrscht dieser mich? Versuche ich, den anderen Menschen zu verstehen, so brauche ich eine starke Willensanstrengung, denn dieses Vorhaben ist ungewohnt. Der Wille richtet sich jedoch nicht auf den anderen, sondern auf mich. Ich gehe mit mir selbst um. Und Ziel der Willensanstrengung ist nicht mein eigenes Fortkommen, sondern die Hinwendung zu dem anderen. Auch hier gilt: Was der Dialog als Grundlage fordert, fördert er zugleich im täglichen dialogischen Umgang.

3. Die Gefühle in den Dienst des gegenseitigen Verstehens stellen.

Normalerweise bestimmt das Gefühl mein Denken und Handeln in hohem Maße. Ist mir ein Mensch sympathisch, so gehe ich leichter auf ihn zu, ist er unsympathisch, meide ich ihn. Und ich finde hinterher gute Gründe, um mein Verhalten zu rechtfertigen. Meine Intelligenz steht dann im Dienste der Emotion. – Ich kann mir auch anderes vornehmen: Ich mache mir klar, daß Sympathie und Wirklichkeit durchaus nicht zusammenstimmen müssen. Ich kann, etwa bei einem Einstellungsgespräch, Sympathien für den Kandidaten haben, der vor mir sitzt. Und dennoch ist es eine ganz andere Frage, ob er für die vorgesehene Arbeit geeignet ist. Lasse ich also Gefühle bei meinen Menschenbegegnungen möglichst außer acht? – Das wäre sicher ebenso unmöglich wie unfruchtbar. Ich kann jedoch versuchen, meine Sympathien und Antipathien in Erkenntnismittel umzuschmelzen. Das geschieht zum Beispiel dann, wenn ich meine Antipathie einem anderen Menschen gegenüber durchaus akzeptiere, dabei aber nicht stehenbleibe, sondern mich frage, *warum* mir der andere so unsympathisch ist? Mit dieser Frage nach dem „Warum" wende ich die Aufmerksamkeit auf den anderen hin. Die Feststellung, *daß* er unsympathisch ist, sagt ja zunächst nur etwas über mich. Suche ich die Begegnung mit dem anderen auf der Basis des Individualismus, so kann ich nicht davon ausgehen, daß wir uns alsbald in den Armen liegen. Es gibt ein „Du", das nicht sogleich zum „Wir" führt. Eine Begegnung ist um so anspruchsvoller, je weniger spontane Zuneigung zwischen den Gesprächspartnern herrscht. Gerade bei den Gefühlen zeigt sich die Selbständigkeit der Partner. Sind sie von ihren Gefühlen abhängig oder gelingt es, diese zum Instrument des Einfühlens, der Empathie, zu machen? Es ist eine hohe Kunst, auch dann einen Dialog (und nicht eine Diskussion) zu führen, wenn man sich eigentlich nicht so gerne mag. Wenn es aber gelingt, dann nützt das der gemeinsamen Sache mehr, als wenn nur diejenigen sich treffen, die ohnehin ein Herz und eine Seele sind. Einen Dialog zu führen bedeutet daher auch im Hinblick auf das Gefühlsleben, Selbstveränderung anzustreben.

4. Die gemeinsame Sache vorwärts bringen.

Im Widerstreit der Meinungen werden vor allem Einwände formuliert. Der Dialog hingegen läßt die widerstreitenden Ansichten in den Hintergrund treten, ohne sie abzuweisen. Er fördert einen gemeinsamen Blick auf die Sache. Unterschiedliche Ansichten werden oft voreilig als Gegensätze verstanden. Bei näherem Hinsehen sind es häufig unterschiedliche Aspekte, d.h. Blickwinkel und Sichtweisen auf eine Sache, die sich als gemeinsam herausstellt. Dies geschieht vor allem dann, wenn gezielt versucht wird, das *Fruchtbare* aufzugreifen, das in der

Äußerung des anderen liegt, und nicht nur das *Falsche* zurückzuweisen. Dabei kommt es hier nicht einmal auf die üblichen Auswüchse des Diskutierens an (wenn z. B. eine geäußerte Ansicht wegen Fehlern im Detail als ganze zurückgewiesen oder wenn Beispiel und Hauptsache verwechselt werden), sondern auf die grundsätzliche Haltung: Stehen wir einander gegenüber, um uns gegenseitig zu beweisen, wer der bessere ist? Oder setzen wir uns zusammen, um eine gemeinsame Fragestellung herauszuarbeiten und ein gemeinsames Thema in beiderseitigem Erkenntnisinteresse anzugehen? Wollen wir, daß etwas dabei herauskommt, oder will jeder nur recht behalten?

Man kann es sich durchaus zur Gewohnheit machen, in den Äußerungen des Partners das Brauchbare, Gute, Weiterführende zu suchen. In jeder Aussage, auch wenn sie zunächst grotesk erscheint, wird es etwas Weiterführendes geben. Es kommt nur darauf an, dieses zu finden. Man läßt dann das Unzureichende stillschweigend vorübergleiten und verstärkt das Weiterführende. Das setzt natürlich besondere Erkenntnisbemühungen voraus: Ich versuche, dasjenige, was mir vom anderen entgegenkommt, möglichst umfassend in den Blick zu nehmen und mich nicht vorzeitig auf Einzelheiten zu kaprizieren. Ich nehme zunächst einmal *gleichmäßig alles* auf, was mir gegenübertritt. Sonst geschieht es – wie so oft –, daß ich mich gegen die Aussage eines anderen wende, ohne sie überhaupt verstanden zu haben. Im Extremfall bastle ich mir selbst etwas zurecht und kritisiere es anschließend. Das ist so, wie wenn der Jäger ein Reh aus Gips abschießen würde, das er vorher selbst aufgestellt hat, um danach noch voller Stolz die Strecke zu verblasen. – Die Verzweiflung des Partners („Ich habe das überhaupt nicht so gemeint"!) wird dann leichtfertig als Rückzugsmanöver zur Vermeidung von Gesichtsverlust gedeutet und in der Sache nicht ernst genommen. Dadurch hat es ein neuartiger Gedanke schwer, sich verständlich zu machen. Denn je innovativer ein Gesprächsbeitrag ist, um so stärker ist er der Gefahr des Mißverstehens im Diskussionsmilieu ausgesetzt. – Auch im Dialog entdecke ich selbstverständlich rasch vieles am Partner, was mir unzureichend scheint. Es geht keineswegs darum, alles nur „toll" zu finden oder lasch dahinzuplaudern. Es geht aber darum, das Unzureichende nicht aufzuspießen und zurückzuweisen, sondern es zunächst einmal *auszuhalten*. Das bedeutet nicht, daß ich das Schlechte plötzlich gut finde. Es bedeutet aber, daß ich mich auch dem Schlechten oder Falschen in der Rede des anderen aussetze, um bewußt die Punkte herauszufinden, die geeignet sind, die gemeinsame Sache vorwärtszubringen.

Gerade diese Haltung, das Positive statt des Negativen aufzugreifen, zeigt im Hinblick auf die Fruchtbarkeit eines Gesprächs rasch erstaunliche Wirkung. Die Gesprächspartner werden nicht, wie in der Diskussion üblich, durch jeden Einwand in ihrem Selbstwert verletzt. Sie bleiben seelisch „locker", und so ist es im Dialog sehr viel eher als in der Diskussion möglich, neue Ideen zu akzeptieren, gemeinsam zu prüfen und auszubauen. Individualität lebt hier nicht von der Abgrenzung gegen andere, sondern eher durch Identifizierung mit diesen. Die mitgebrachten Rüstungen und Masken werden abgelegt. Wirklicher Erkenntnisfortschritt, der über das Bewerten des Vorhandenen hinausgeht, ist oftmals eine Frucht des dialogischen Elementes.

5. Sich auch dem Ungewohnten öffnen.

Das Tier ist seiner Umwelt verhaftet. Es reagiert nur auf dasjenige, was seinen Instinkten entspricht. Ein Löwe in freier Wildbahn beachtet nicht den neben ihm herfahrenden Geländewagen, während er den Fußgänger rasch annehmen würde. Die Amsel, für die der Regenwurm ein Leckerbissen ist, sieht den vor ihr hängenden Wurm nur dann, wenn er sich artspezifisch bewegt. Bleibt er still, läßt sie ihn unbeachtet. Der Mensch hingegen ist, so betont Arnold Gehlen, „weltoffen". Sein Erfahrungs- und Erkenntnishorizont ist nicht von vornherein beschränkt. Er ist in der Lage, *alles*, was ihn umgibt, mit dem Bewußtsein zu erfassen (Gehlen 1940). Den Unterschied zwischen „Welt" (des Menschen) und „Umwelt" (des Tieres) könnte man

so fassen: Zur „Welt" gehört auch alles das, was ich noch nicht
kenne. Erfahren zu wollen, was man noch nicht kennt: das ist
eine biologisch ebenso wie philosophisch bestimmbare We-
senseigenschaft des Menschen. Das kleine Kind lebt sie in Re-
inform dar. Es saugt alles Neue und Unbekannte gierig auf.
Und eine gewisse Neugierde, zumindest für Triviales, bleibt
dem Menschen lebenslänglich erhalten. Aber je umfangreicher
die Lebens*erfahrung* wird, um so stärker wird im allgemeinen
die Neigung, sie zu fixieren. Man sitzt in seinem „Erfahrungsgefängnis", erwartet nichts Neues mehr oder wehrt sogar ab,
was trotz aller Abschreckungsversuche doch einmal auftaucht.
Man läßt dann seine Hunde aus dem Zwinger: „Das haben wir
noch nie gemacht!", „Wer soll das bezahlen!", „Das gibt es
doch gar nicht!", „Das trifft mich zutiefst!", „Wissen Sie eigentlich, was Sie da sagen?" und wie sie alle heißen. – Neben
den Erfahrungen aus der Vergangenheit können es auch zu-
kunftsbezogene *Erwartungen* sein, deren Fixiertheit daran hin-
dert, Neues aufzugreifen.

Dabei geht es nicht nur um eine passive Zurkenntnisnahme.
Will ich mich „auch dem Ungewohnten öffnen", so muß ich damit rechnen, daß das, was ich zu sehen bekomme, keinerlei
Ähnlichkeit mit dem Bekannten hat – und daß es doch mit ihm
zusammenhängen kann. Ich muß mit „Metamorphosen" rechnen, also z. B. den Schmetterling in der Raupe sehen, obgleich
beide sich vollkommen unähnlich sind. Und andererseits muß
ich gewärtigen, daß dasjenige, was auf mich zukommt, nicht
einfach nur ungewohnte Phänomene sind, die sich, hat man sie
erst erkannt, problemlos in das Gewohnte einordnen lassen. Ich
muß vielmehr damit rechnen, daß sich ein ganzes Bezugssy-
stem ändert.

"Sich auch dem Ungewohnten öffnen" als eine dialogische
Haltung ist also von doppelter Bedeutung. Wer in seinem Mei-
nungs- und Erfahrungsgefängnis bleibt, dem entgeht Wesentli-
ches. Und andererseits praktiziert man mit der „Weltoffenheit"
einen Wesenszug des Menschseins überhaupt. Er schließt das
Interesse für das Unbekannte und Ungewohnte ein und damit

die Bereitschaft zum Risiko, eine gewohnte Vorstellung aufzu-geben, bevor man über eine neue verfügt.

Im Rückblick läßt sich übrigens feststellen, daß die „Professo-ren" in Brechts „Galilei" das genaue Gegenteil der fünf Haltun-gen des Dialogischen darleben. Weder suchen sie (erstens) ei-nen Zusammenhang mit der Wirklichkeit noch wollen sie sich (zweitens) auf Galilei einlassen. Sie reagieren (drittens) emotio-nal und bringen (viertens) nichts als Einwände. Und (fünftens) kann von einer Bereitschaft, sich ungewohnten Tatsachen zu öffnen, nicht die Rede sein. So werden die „Professoren" zum wandelnden Gegenbild des dialogischen Prinzips.

Wer dieser Gefahr entgehen will, kann sich fünf Fragen der Selbstprüfung stellen, die die Verwirklichung des dialogischen Prinzips betreffen:

1. Ist das, was ich beitragen will, sachgemäß?

2. *Will* ich wirklich sprechen – oder bin ich nur zu nervös zum Schweigen? Will ich die anderen verstehen oder nur meine eigene Meinung loswerden?

3. Wie weit spreche ich aus Emotion?

4. Will ich das Gespräch vorwärts- oder nur mich selbst zur Geltung bringen? Ist, was ich sage, zukunftsträchtig und entwicklungsfähig?

5. Ist, was ich sage, neu? Oder ist es nur eine Wiederholung bereits geäußerter Gesichtspunkte? Könnte es sein, daß ein anderer meinen Gesichtspunkt aussprechen wird, wenn ich ihm nur Gelegenheit dazu gebe?

Imitate des Dialogischen

In der zweiten Hälfte des 20. Jahrhunderts ist in vielen Lebens-bereichen ein Hang zum Dialogischen erkennbar (Sauer 1989).

Das geht einher mit dem Verblassen der Traditionen, die diese Lebensbereiche bis dahin gestützt hatten (Dietz 1994). Dabei aber wird „Dialog" oftmals auf ein Verhaltensmuster reduziert und nicht als innere Kraft verstanden; und so kommt es häufig zu Scheinformen des Dialogischen. Der Verlust der Tradition, des „Immer-Schon", wird durch ein „Als-Ob" ausgeglichen.

Dialog als Diskussionstrick

Ist es mein Ziel, eine Übereinkunft herzustellen, bei der möglichst viel von meiner (wie auch immer motivierten) Absicht durchkommt? Oder ist es Ziel, fremdes Wollen zu verstehen? Zwischen diesen Haltungen gibt es Vermischungen, z. B. dialogische Elemente in Diskussionen. Sie können unabsichtlich entstehen oder auch absichtlich, mit dem Ziel der Manipulation anderer oder als Selbstkonditionierung.

So werden „dialogische" Elemente dazu eingesetzt, den Gesprächspartner in Sicherheit zu wiegen. Eine geläufige Strategie besteht darin, den Kuchen zu vergrößern, bevor man ihn teilt. Man verbündet sich zunächst mit dem Verhandlungspartner, um gemeinsam und zu Lasten dritter einen möglichst großen „Kuchen" herzustellen. Danach kommt dann die Teilung – ohne daß sich deren Zielsetzung durch die vorherige Vergrößerung des Kuchens prinzipiell verändert hätte.

Hebung des Selbstbewußtseins

Eine andere Denkform des Dialogischen wird eingesetzt, um das eigene Selbstbewußtsein zu stärken. Erfolg hebt mein Selbstbewußtsein, Mißerfolg greift es an. Das ist wohlbekannt, gilt aber auch umgekehrt: Mit starkem Selbstbewußtsein gelingt mir manches, das mir sonst – bei gleicher Fähigkeit – nicht gelänge. Wer Prüfungssituationen ausgesetzt war, weiß das. Berufliche Tätigkeit gleicht nun heute oftmals einer ständigen Prüfungs- und Pioniersituation. Es sind daher Methoden entwickelt worden, durch Steigerung des Selbstbewußtseins dem persönlichen Erfolg aufzuhelfen, zum Beispiel durch das sogenannte „positive Denken". Dazu gehört im Zweifelsfalle, das eigene Selbstbewußtsein von der Wahrnehmung der Wirklichkeit abzulösen: „Einstellungen sind wichtiger als Tatsachen", und „Sorgen sind nur eine schlechte Denkgewohnheit, eine falsche Geisteshaltung" (Peale S. 29 u. S. 199). „Positives Denken" enthält gewiß viele beherzigenswerte Einsichten und Anregungen zum Umgang mit sich selbst, überspielt aber bewußt die Wirklichkeit. Hier liegt der entscheidende Unterschied zu den Haltungen, die oben für das Dialogische beschrieben wurden. – Anders, aber doch mit ähnlichem Ziel, geht eine Technik vor, die als „neurolinguistisches Programmieren" (NLP) bekannt geworden ist. Grundlage des NLP ist es, alles Lehren, Lernen, Verkaufen usw. als Kommunikation zu betrachten. In diesem Zusammenhang wird auch das Wort „Dialog" verwendet, jedoch anders als in diesem Buch. Es geht letzten Endes um Kommunikationstrategien. „Wahr ist bei der Kommunikation nicht, was ich sage und meine, sondern das, was davon beim anderen ankommt, und wie er es auffaßt. Mit dieser Maxime ist die Verantwortung für das Verständnis der Botschaft ausschließlich dem Sender übertragen." Auch die Empathie, eine der subtilsten Fähigkeiten des Menschen, wird strategisch eingesetzt: „Die Mitteilungen eines Menschen enthalten meistens auch versteckte Bedürfnisse, verschlüsselte Gefühlsregungen, unterschwellige Werthaltungen und Appelle. Solche in sprachlichen Mitteilungen mitschwingende Botschaften wahrzunehmen und dem Gesprächspartner zurückzuspiegeln, nennt man Aktives Zuhören". Ein Schlüsselbegriff des NLP ist das 'Reframing'. „Reframing heißt, etwas in einen anderen Rahmen stellen oder 'umdeuten'. [Es ist dies] eine Vorgehensweise, in der ein Zusammenhang, ein Verhalten oder ein Problem in der Tat in einer anderen Art und Weise oder in einem anderen Rahmen wahrgenommen wird und damit eine neue Bedeutung erhält [...]. Ein einfaches Beispiel für ein Reframing ist der bekannte Unterschied zwischen dem Optimisten und dem Pessimisten, die sich beide auf dieselbe Sache beziehen [...]". „Beim inhaltlichen Reframing geht es immer darum, ein Gefühl, ein Verhalten, einen Umstand oder ein Geschehen, das ein anderer beklagt, positiv umzudeuten, d. h. einen Wechsel im Erleben zu bewirken [...]". „Aber auch der Erfolg pädagogischer Bemühungen bliebe ohne inhaltliche Reframings häufig aus, weil Lernprozesse ohne Reframings von Anfangsversagen, Fehlern und Mißerfolgen blockiert werden. Dasselbe gilt für die Leitung, Unterstützung und Förderung von Mitarbeitern im Beruf." Zwei Beispiele für Reframing: „Meine Arbeit wird ständig kritisiert" wird ersetzt durch „Jemand beachtet mich und mag mich". „Ich bin zu vorlaut!" wird ersetzt durch „Kluge Köpfe haben eine schnelle Zunge!" (Mohl S. 18, 64, 191ff., 194). Über eine mögliche Fruchtbarkeit des NLP auf verschiedenen Lebensgebieten ist damit nichts ausgemacht. Die wenigen Zitate genügen aber, um zu zeigen, daß hier etwas im Gewand des Dialogischen einherkommt, das der dialogischen Grundhaltung strikt entgegengesetzt ist. NLP ist, ähnlich wie das ältere „positive Denken", eine psychische Hilfstechnik, die die Wirklichkeit deutet und umdeutet, ohne sich ihr verpflichtet zu fühlen.

Die Umarmung des Gegners

Auch die Bedeutung des Emotionalen im Verhandlungsgespräch wird seit einiger Zeit hervorgehoben. Vor und neben der „Sachebene" soll eine „emotionale Ebene" gepflegt werden. Sie besteht z.B. darin, so zu sprechen, daß der andere sich in seiner Persönlichkeit ganz ernst genommen fühlt. Die Römer hatten zwei Begriffe für Gegner: den Gegner in der Sache (adversarius) und den persönlichen Feind (inimicus). Diskutieren bewirkt, daß aus einem adversarius schnell ein inimicus wird oder daß man scheinbar objektiv über Sachfragen streitet, während der eigentliche Dissens im Persönlichen liegt. – Um sol-

78

ches zu vermeiden, geht man ganz persönlich auf den Gesprächspartner ein, und dies nicht nur in der Anwärmphase des Gespräches. Selbst wenn er dann – vielleicht aufgrund seines Verhandlungsauftrages – in der Sache unnachgiebig ist, bleibt die persönliche Ebene unbeschädigt und bietet bessere Anknüpfungsmöglichkeiten für Weiteres. Es ist bis heute keineswegs selbstverständlich, daß die alte Unterscheidung von adversarius und inimicus gelebt wird. Aus der Vermischung von beidem entstehen viele unnötige Schwierigkeiten. Das wirklich Dialogische aber geht über diese Unterscheidungen noch hinaus: es trennt nicht zwischen Person und Sache, sondern ich schätze den anderen Menschen als „Freund" (amicus) auch dann, wenn er anders denkt und handelt als ich. Ich akzeptiere sein Handeln, weil ich es verstehe. Im anderen Falle ordne ich das persönliche Verhältnis zum anderen Menschen vorgefaßten Zielen unter.

Emotionale Intelligenz

Bei der „emotionalen Intelligenz" geht es darum, die eigenen Gefühle so zu handhaben, daß sie angemessen sind, Emotionen in den Dienst eines Ziels zu stellen, zu wissen, was andere fühlen (Empathie), und Beziehung zu anderen zu verstehen als die Kunst, mit den Emotionen anderer umzugehen. Der Entwurf der emotionalen Intelligenz kann hier nicht eingehend besprochen werden. Deutlich ist jedoch, daß er, bei aller Subtilität, in erster Linie als Erfolgsstrategie verstanden wird. Hier nur ein Satz zur Empathie: „Wer einfühlsam ist, vernimmt die versteckten sozialen Signale, die einem anzeigen, was ein anderer braucht oder wünscht. Er wird in den Pflegeberufen, als Lehrer, als Verkäufer oder als Manager erfolgreicher sein" (Goleman S. 26). „Soziale Kompetenz ist die Grundlage von Beliebtheit, Führung und interpersonaler Effektivität. Diejenigen, die in diesen Fähigkeiten glänzen, sind erfolgreich in allem, was darauf beruht, reibungslos mit anderen zusammen zu arbeiten – sie sind 'soziale Stars'" (Goleman S. 66). Ohnehin geht die Beschreibung der Empathie nicht wesentlich über die Anforderung hinaus, aus der Körpersprache des anderen die richtigen Signale zu empfangen. Das alles ist demjenigen strikt entgegengesetzt, was über das Gespräch als soziales Kunstwerk herausgearbeitet werden kann (Zimmermann 1992).

Motivation

Um mit der engagierten und selbstverantwortlichen Mitwirkung des anderen rechnen zu können, muß man ihn mitdenken lassen. Dazu dienen die Techniken der „Motivation" – obwohl inzwischen deutlich genug gezeigt worden ist, daß jede von außen kommende Motivation zugleich von gestern ist (Sprenger 1992). Über die Lehrerausbildung hat das „Motivieren" auch in die Schulzimmer Eingang gefunden. Auch von dort hört man inzwischen zweifelnde Stimmen, ob es sinnvoll sei, Schüler durch allerlei Motivationstricks aus ihrer Lethargie zu reißen, statt sie für die dargebotene Sache als solche zu interessieren, indem man zum Beispiel anstelle zusammenhangloser Fakten deren Bedeutung für Natur und Gesellschaft nahebringt. – Dialogische Lebens- und Arbeitsform setzt darauf, daß sich der einzelne selbst engagiert – engagiert an der Sache, um die es geht und engagiert an der Gemeinschaft der Menschen, mit denen er zusammenarbeitet. Dies geschieht durch Einsicht statt Konditionierung, Eigeninitiative statt Fremdlenkung und durch Selbstverantwortung statt Kontrolle. Es gibt auch heute noch viele, die auf solche Vorschläge einwenden, der Mensch bedürfe des vernünftigen Zwangs und der Kontrolle, um etwas Brauchbares zu leisten. Man wird da zurückfragen müssen, ob man es denn mit wirklichem Dialog überhaupt schon einmal versucht hat. Wer in einem Arbeitszusammenhang alter Schule plötzlich das Reden frei gibt und Schweigen erntet, braucht sich nicht zu wundern. Und wenn einfach nur Handlungsspielraum ohne gemeinsame Bewußtseinsbildung eingeräumt wird, wird er sicherlich zunächst zum je eigenen Nutzen verwendet werden. Das Dialogische als Lebens- und Arbeitsform läßt sich nicht handstreichartig einführen. Es beruht auch nicht einfach nur auf gutem Willen.

Manipulation

Für das Ungewohnte offen zu sein, ist schwer in einer Zeit, in der das Absurde zum Gewöhnlichen wird. Wer Aufmerksamkeit auf sich ziehen will, sei es als Politiker, Künstler oder als Geschäftsmann, muß sich des Ungewohnten bedienen. Dafür gibt es professionelle Agenturen. Niemand leugnet mehr ernsthaft, daß die ungewöhnliche Fassade, durch die man sich von allem anderen zu unterscheiden sucht, kaum eine Entsprechung in dem hat, was „dahinter steckt". Werbung wird heute bereits ohne jede Information über die tatsächlichen Eigenschaften der beworbenen Sache gemacht. Sie funktioniert trotzdem besser denn je: „Durch wiederholte Darbietung eines neutralen Markennamens zusammen mit angenehmen Reizen (wie Landschaftsbildern, erotischen Appellen usw.) ist es möglich, eine positive Haltung zu dem vorher neutralen Markennamen zu erzeugen. [...] Bemerkenswert an diesem Vorgehen ist, daß es keiner einzigen sachlichen Information über das Produkt bedarf, um eine Hinwendung zu diesem Produkt zu erreichen" (Kroeber-Riel, S. 679).

Die Gesellschaft, in der wir heute leben, hat das Dialogische durchaus im Blick. Allenthalben wird bemerkt, daß man es braucht. Aber statt es als solches zur Geltung zu bringen, imitiert man einzelne Elemente. Man schminkt die Diskussion so lange, bis sie nach Dialog aussieht. Man sieht die Bedeutung des dialogischen Elements, ohne es doch intellektuell und emotional zu bewältigen. Seine tatsächliche Bewältigung setzt innere Verwandlungen voraus, wie sie sich in den beschriebenen fünf Haltungen darlebt.

Die Imitate des Dialogischen vermeiden gerade dasjenige, was den Kern des wirklichen Dialogs ausmacht: die menschliche Individualität. Es werden glänzende Fähigkeiten gefördert, aber sie dienen vorgegebenen Zielen. Diese Ziele beziehen sich auf das *Verhalten* des Menschen, nicht auf ihn selbst. Weiterentwicklung des Menschen ist nicht gefragt. Wenn man von „Entwicklungsmöglichkeiten" spricht, meint man Karriere, Status und meßbaren Erfolg. Der Mensch selber entwickelt sich nicht, er kann höchstens sein Verhalten optimieren. Die Entwicklungskräfte des individuellen Menschen werden dabei durch alles mögliche andere ersetzt: Theorie statt Ideenbildung, Anpassung und Reaktion statt Initiative, Sachzwang statt Gestaltungswille, Verhaltenssteuerung statt Selbstentwicklung. Die Kraft des Dialogischen kann aber jederzeit individuell geweckt und in kleinstem Kreise ebenso wie in größeren Gemeinschaften gepflegt werden. Dialog als Gesprächsform ist ein Anfang, der jederzeit möglich ist. Dialog als Lebenshaltung bedeutet eine bewußt geführte, nach und nach verstärkte Wende im Leben des einzelnen wie in der Zusammenarbeit. Dialog als innere Kraft schafft Bedingungen der geistigen Entfaltung.

Wie auch das eifrigste Aufeinanderzu-Reden kein Gespräch ausmacht (am deutlichsten zeigt das jener absonderliche Sport einigermaßen denkbegabter Menschen, den man zutreffend Diskussion, Auseinanderschlagung, nennt), so bedarf es hinwieder zu einem Gespräch keines Lauts, nicht einmal einer Gebärde. Sprache kann sich aller Sinnenfälligkeit begeben und bleibt Sprache.

Martin Buber, Zwiesprache

Werde, wie du bist;
doch erkenn's erst!

Pindar

7.

STUFEN GEISTIGER AKTIVITÄT

Die im vergangenen Kapitel beschriebene Kraft des Dialogischen gründet sich auf ein Unterscheidungsvermögen, das nun noch etwas genauer zu erläutern ist. Zunächst einmal geht es darum, Meinungen nicht mit Urteilen, Vorstellungen nicht mit Begriffen zu verwechseln.

Meinungen sagen noch nichts aus über einen Sachverhalt oder einen Zusammenhang in der Welt. Sie geben nur wieder, was der einzelne sich vorstellt. Sie gehören zum Subjekt und sind subjektiv. – Meinungsfreiheit ist heute eine Selbstverständlichkeit. Niemand will hinter sie zurück. Aber vielleicht müssen wir über sie hinauskommen? Nicht über die Freiheit, aber über „Meinungen"! Was gäbe es denn sonst noch? Nun eben: Urteile. Im Urteil übernimmt das Individuum die Gewähr für die Richtigkeit seiner Aussage. Es übernimmt sie vor sich selbst und vor anderen. Urteilen ist eine Leistung des Ich. Beim Urteilen spricht man mit Recht nicht von „Freiheit" (was immer damit gemeint sei), sondern von Verantwortung. *Wer* übernimmt die Verantwortung und *vor wem?*

Meine Stellung zur Urteilsbildung hängt davon ab, wie ich mich selbst verstehe. Bin ich ein genetisch, psychisch oder gesellschaftlich determiniertes Wesen? Dann kann von eigenständiger Urteilsbildung nicht die Rede sein, und eigentlich auch nicht von Verantwortung. Bin ich eine durch vielfältige Eigenschaften zusammengesetzte und dadurch unverwechselbare Persönlichkeit („Patchwork-Identität")? Dann wird Urteilsbildung beliebig. Gehe ich davon aus, daß meine Beziehung zur Welt prinzipiell subjektverhaftet („subjektiv") bleibt, dann brauche ich mir keine Mühe zu geben, dem beurteilten Sachverhalt gerecht zu werden, denn ich kann ihn ja immer nur aus meinem eigenen Blickwinkel sehen und muß damit auch bei allen anderen Menschen rechnen (Pluralismus). Eine Einigkeit in der Sache oder auch nur eine wirkliche Verständigung darüber kann nicht stattfinden. Für das Chaos und die Konflikte, die sich aus derartigen Selbstverständnissen ergeben, bin ich dann auch nicht wirklich verantwortlich zu machen. Es nimmt alles so seinen Lauf.

Die gängigen Auffassungen vom „Ich" haben die menschliche Gesellschaft und ihr Verhältnis zur Natur in vielfältige Probleme verstrickt. Das wird heute von vielen bemerkt, läßt aber hilflos. So versucht der „radikale Konstruktivismus", sich wissenschaftstheoretisch in der Subjektivität des Erkennens einzurichten: die „Welt" ist nichts als eine Projektion meines Subjekts. Sein Gegenpol, ein evolutionistischer Empirismus, besteht auf einer vorbewußten, genetisch bedingten Objektivität des Erkennens, vergißt aber dabei denjenigen, der erkennt (Dietz 1988, S. 90 ff.). Schillers Hoffnung auf einen diesbezüglichen Fortschritt der Kulturentwicklung, wie sie Wilhelm von Humboldt in seinem Brief vom 31.3.1793 an F. A. Wolf wiedergibt, scheint sich bis heute nicht so recht erfüllt zu haben:

Sollte nicht von dem Fortschritt der menschlichen Kultur eben das gelten, was wir bei jeder Erfahrung zu bemerken Gelegenheit haben? Hier aber bemerkt man 3 Momente.

1. Der Gegenstand steht <u>ganz</u> vor uns, aber verworren und ineinander fließend.

2. Wir trennen einzelne Merkmale und unterscheiden. Unsere Erkenntnis ist <u>deutlich</u>, aber vereinzelt und borniert.

3. Wir verbinden das Getrennte, und das Ganze steht abermals vor uns; aber jetzt nicht mehr verworren, sondern von allen Seiten beleuchtet.

In der 1sten Periode waren die Griechen. In der 2ten stehen wir.
Die 3te ist also noch zu hoffen, und dann wird man die Griechen auch nicht mehr zurückwünschen.

Die „drei Momente" Schillers zu unterscheiden, ist für das dialogische Element und seine neue Verbindung von Ich und Welt von einiger Bedeutung.

Von der Meinung zum Urteil:
ein Schritt in der Selbstentwicklung.

Von der Meinung zum Urteil

Messe ich das, was um mich herum geschieht, an meinen Erfahrungen, Meinungen, Vorstellungen, Gewohnheiten oder Traditionen? Gehe ich also subjekt-orientiert an die Welt heran? Dann messe ich es an der Vergangenheit, und meine Ansichten sind prinzipiell „von gestern". Ich messe zugleich alles an meiner Befindlichkeit, an meinem Gefallen oder Mißfallen, Nutzen oder Schaden (wobei die Beurteilung von *wirklichem* Nutzen und Schaden eigentlich den objektiven Blick auf die Sache selbst voraussetzt!). Das ist wie beim Flipper-Spiel: immer, wenn die Rede an etwas Bekanntes stößt, macht es

„klick", und sonst nicht. Die Ausbildung *neuer* Vorstellungen ist in einem solchen Weltbild nicht vorgesehen. Wer solche einbringt, ist ein Ruhestörer. – Darauf beruht geradezu eine Strategie der Selbstverteidigung gegen Offenheit und Dialog: „Ich urteile nicht, ich gebe nur meinen Eindruck wieder; und meine Eindrücke kann mir ja niemand streitig machen." Und dabei fällt dann eine Beurteilung nach der anderen, daß sich die Balken biegen. Man versucht, sich gegen Kritik dadurch zu immunisieren, daß man sein Recht auf Subjektivität reklamiert. Man zieht sich in eine von keiner Erkenntnis angreifbare Bastion zurück. Die dicksten Kanonen, mit denen man aus dieser Festung auf mißliebige Ansichten schießt, heißen „Maßstab: Tradition" („das ist ja unerhört!"), „Unterscheidungslosigkeit" („das ist doch längst bekannt") und „aggressiver Subjektivismus" („das interessiert mich nicht"). – Selbstverständlich bedarf es im Leben ständig der Vorstellungsbildung und der Erfahrung. Es kommt nur darauf an, ob diese individuell verantwortet werden oder ob sie ein unkontrolliertes Eigenleben führen. Es geht hier nicht darum, die Ebene der Meinungen und Vorstellungen als solche zu *werten*, sondern darum, daß man sie erkennt und von anderem *unterscheidet*:

> *Eine Meinung ist eine Meinung. Das ist*
> *wichtiger als die von den Meinungen be-*
> *haupteten Unterschiede ... Erst wenn man*
> *sich selbst zum Verstummen gebracht hat,*
> *hören auch die anderen auf.*
>
> *Peter Handke*

Ich kann mir Klarheit darüber verschaffen, wie Meinungen zustande kommen:

> ▷ Meinungen werden aus der Gewohnheit oder der Tradition übernommen („immer schon"),

▷ Meinungen können aus Halbbewußtem und Emotionalem stammen. – In beiden Fällen wirken sie sehr sicher, sind aber zugleich in der Regel recht pauschal.

▷ Meinungen können ihren Ursprung in der Egozentrik haben („richtig ist, was mir nützt"). Daraus resultiert die Furcht, sich selbst mit in Frage zu stellen, wenn man seine Meinung aufgibt.

▷ Meinungen können aber auch aus Einsichten, die der Urteilsbildung unterliegen, gewonnen werden. Sie können dann durchaus zutreffend und verantwortlich gefaßt sein, laufen aber immer Gefahr, daß sie „von gestern" sind. Gerinnt ein Urteil zur Meinung, dann ist das Denken nicht mehr in Fluß.

Die Kunst des Urteilens besteht darin, aus diesem Fluß des Denkens nicht herauszufallen und sich auf feste Meinungsinseln zu retten. Sie verlangt zugleich, durchaus nichts im Vagen zu lassen, und trotzdem nicht zu kurz zu denken.

Die Bedeutung dieser Unterscheidung zwischen Meinung und Einsicht sah schon Platon. Er unterschied zum Beispiel zwischen „wahrer Meinung" und „Erkenntnis". Inhaltlich kann beides gleich lauten: „Dieser Gegenstand ist ein Tisch." Was wäre also der Unterschied zwischen wahrer Meinung und Erkenntnis in diesem Falle? Zur Erkenntnis gehört, daß ich nicht nur weiß, *daß* dies ein Tisch ist, sondern auch *warum* dies ein Tisch ist. Das heißt, ich muß den Begriff des Tisches unabhängig von allen Erscheinungsformen von Tisch gefaßt haben (was übrigens gar nicht so leicht ist!), und ich muß mich in einem Erkenntnisprozeß vergewissert haben, daß der vor mir stehende Gegenstand, der vielleicht wie ein Tisch aussieht, nicht tatsächlich etwas anderes ist, zum Beispiel eine postmoderne Sitzgelegenheit oder ein Kunstwerk. Ich muß mich dieses Gegenstandes im Hinblick auf Form, Material, Zweckbestimmung und Herstellung erkenntnismäßig annehmen. Die Meinung „dies ist ein Tisch" kann ich von anderen übernehmen (z.B. in der Erwartung, daß sie das genauer geprüft haben). Die Erkenntnis „dies ist ein Tisch" muß ich mir selbst erwerben. Erkenntnis also geht über Eindruck und Augenschein hinaus, ist selbstverantwortet und gesichert. Sie ist nicht möglich, wenn ich mir nicht über den – von allen sinnlichen Erscheinungen losgelösten – Begriff „Tisch" und dessen Unterscheidung von anderen, ähnlichen Gegenständen klar geworden bin. Für die Vorstellung reicht es, wenn ich ein Erfahrungswissen von „Tisch" habe oder das Urteil von anderen übernehmen kann. Nicht im Ergebnis („dies ist ein Tisch") liegt also der große Unterschied zwischen Vorstellung und Erkenntnis! Vielleicht wird er deshalb so leicht vernachlässigt.

Es gibt Jäger, die das,
was sie 30 Jahre lang
falsch gemacht haben,
für Erfahrung halten!

Deutsche Jagd-Zeitung,
Mai 1988

Um die Ebene des „Meinungsgestöbers" (Martin Walser) zu verlassen, muß ich mir einen Ruck geben. Ich wende den Blick um, von der Selbstbezüglichkeit weg zur Sache hin (zum Sachverhalt, zum anderen Menschen usw.). Ich frage nach der Sache selbst, nach ihren Zusammenhängen und Ursachen. Das kann ich nur, wenn ich dabei von mir absehe. Ich bin dann „sachorientiert".

Vom Urteilen zur Ideen-Orientierung

Darüber hinaus gibt es noch eine weitere Ebene des Weltbezugs. Sie taucht dann auf, wenn ich nicht nur die gegenwärtig vorhandenen Sachverhalte in ihren Beziehungen und Ursachengeflechten aufsuche, sondern Entwicklung denke. Dann sehe ich das je Gegenwärtige nicht als Gegebenes an, sondern als Entwicklungsmoment, der auch Zukunft in sich birgt. Um gestaltend tätig zu werden, muß ich noch anders als nur wissenschaftlich vorgehen und mich in den Bereich des „intuitiven Geistes" zu erheben versuchen. Das heißt dann: ich bin ideen-orientiert. Eine solche Ideen-Orientierung schließt die Sach-Orientierung ein, geht aber über sie hinaus. Die bei der Sach-Orientierung vorhandene Distanz zwischen mir und der „Welt" ist bei der Ideen-Orientierung aufgehoben.

Die drei Ebenen können so zusammengefaßt werden:

Ebene des Denkens:		Verhältnis zur Welt:	sinnvoll für:
Entwicklung	(3)	Ideen-orientiert	Erneuerung
Gestaltung		[Kreativität]	
Zusammenhänge		sach-orientiert	Erkenntnis
Ursachen	(2)	(objektiv)	Absicherung
begriffliches Denken		[Intelligenz]	Prüfung
Erfahrungen		subjekt-orientiert	Bewahrung
Meinungen		(subjektiv)	
Vorstellungen	(1)	[Erinnerung/	
Gewohnheiten		Erfahrung]	
Traditionen			

Für jede geistige Tätigkeit ist es wichtig, die drei Bewußtseinsebenen zu unterscheiden. Bewege ich mich gerade im Bereich der „Meinungen" oder der „Zusammenhänge und Ursachen"?

Wie komme ich dazu, aus dem Meinungstraum aufzuwachen? Kann ich von mir sagen: „Heute gelang es mir einmal bei einer Gelegenheit, keine Meinung zu haben" (Peter Handke)? Dazu gehört zunächst einmal, die gewohnten Sicherheiten loszulassen. Das ist keineswegs selbstverständlich, muß ich mich doch von manchem Liebgewonnenen trennen; vielleicht sogar, ohne schon neue Sicherheiten gewonnen zu haben. Ich begebe mich in eine Unsicherheit hinein, die es auszuhalten gilt. Schon dies ist eine Leistung des Ich. Auf der angestrebten Ebene des Denkens versuche ich dann, neu sehen zu lernen: die Umgebung, die anderen Menschen, den Arbeitszusammenhang – und darin mich selbst nicht als den Mittelpunkt der Welt, sondern als deren Glied. Sofern ich mich nicht nur im Zusammenhang des Ganzen erkenne, sondern in diesem zukunftsgestaltend tätig werde, schreite ich von der Sach-Orientierung zur Ideen-Orientierung weiter:

(1)   Ich bin Mittelpunkt der Welt

(2)   Ich bin Glied eines Ganzen

(3)   Ich bin Mitgestalter des Ganzen

Urteilsbildung als Leistung des Ich

Zunächst einmal ist der Schritt von (1) nach (2) zu bewältigen. Ich bin von mir losgekommen und beginne, mich im Einklang mit einem großen Ganzen zu erleben. Wie kann ich dieses Erleben intensivieren? Wie wache ich wirklich auf in einer umfassenderen Wirklichkeit? – Dazu kann ich mir selbst einige weiterführende Fragen stellen, z.B.: Welches sind die Ursachen des Sachverhalts (oder des Verhaltens eines anderen Menschen)? Wie ist der Sachverhalt entstanden, welche Konsequenzen hat er? Welche inneren Gesetzmäßigkeiten (jenseits von meinem Gefallen und Mißfallen) wohnen ihm inne? – Stelle ich mir solche Fragen, so habe ich durch eine Kraft des Ich die Ebene der Meinungen und Vorstellungen bereits verlassen. Denn um diese Fragen zu stellen, muß ich von mir selbst absehen und mich auf die „Sache" einlassen. Schließlich kann ich, zunächst vorsichtig tastend, auch mich selbst in diesem Zusammenhang wiederfinden. Der „Weltzusammenhang" existiert ja nicht ohne mich. Was trage ich zu seiner Existenz bei? Wie beeinflusse ich ihn? Wie trage ich z.B. durch mein Verhalten dazu bei, daß ein anderer Mensch so ist, wie er ist? Wie kann ich mich so verhalten, daß der andere sich von seiner *besten* Seite zeigen kann? Welche meiner eigenen Errungenschaften verdanke ich andererseits anderen Menschen?

Je intensiver ich Fragen dieser Art bewege, um so stärker lebe ich mich in die darin auftauchende Wirklichkeitsebene ein, um so deutlicher sehe ich mich selbst in ihrem Zusammenhang und erkenne meinen eigenen Beitrag darin. Rückblickend wird mir dann klar: Ich mußte mir einen inneren Ruck geben, um mich von meinen Standpunkten und Vorstellungen abzustoßen. Ich hatte dabei vielleicht sogar den Eindruck, daß ich mich „wie von mir selbst" losreiße. Das war mit manchen Ängstlichkeiten und Bedenklichkeiten verbunden: Was treffe ich eigentlich an, wenn ich mich selbst loslasse? Rückblickend sehe ich: Indem ich „von mir selbst" abzusehen versuche, von meinen Meinungen, Gefühlen, Befindlichkeiten, indem ich mich in eine scheinbar kühle, emotionsfreie „Wirklichkeit" versetze, habe ich erstaunlicherweise einen Weg beschritten, der nicht von mir wegführt, sondern überhaupt erst richtig zu mir hin. Ich entdecke nach dieser Blickwendung auch mich selbst, nicht nur die äußere Welt, auf dieser Stufe neu. Und ich gewinne den Eindruck, daß „ich" hier „wirklicher" anzutreffen bin als auf der Ebene der Vorstellungen und Standpunkte. – Wenn ich von „mir" absehe und mich der Welt zuwende, finde ich in Wirklichkeit zu mir selbst. Ich sehe mich selbst nicht mehr subjektiv, sondern quasi „objektiv", nämlich in einem Gesamtzusammenhang stehend. Dies ist gewiß eine paradoxe Erfahrung, aber eben eine Erfahrung. Viele Menschen halten wie instinktiv an ihren Standpunkten fest, weil sie sich nicht „aufgeben" wollen. Wer sich den entscheidenden Ruck gibt, wird alsbald bemerken, daß der scheinbare Verlust des Selbst nur eine Durchgangsstation ist. –

Die Selbsterkenntnis ergab zunächst: Urteilen ist eine Leistung des Ich. Bei näherem Hinsehen zeigt sich dann: „Leistung" heißt bewußte, innere Aktivität. Und „Ich" heißt: Im Absehen von „mir selbst" erschließt sich überhaupt erst die Wirklichkeit. Zugleich aber wird die Distanz zwischen „mir" und der Welt aufgehoben, ich entdecke mich selbst als Glied dieser Welt und lerne mich wesentlich besser kennen als vorher. Und je mehr ich mich denkend in die Wirklichkeit einlebe, je zwangloser sich im Denken Zusammenhänge darstellen, die von meiner Person unabhängig sind, um so mehr tritt ein weiteres Paradoxon ein: Ich habe gar nicht mehr den Eindruck, daß „ich" es bin, der die Urteile fällt. Sind die Sachverhalte und Zusammenhänge in größtmöglicher Dimension ausgelotet, so fällen sich die Urteile wie von selbst. Ich erscheine mir nicht mehr als der Täter, sondern mein Bewußtsein gibt den Schauplatz ab, auf dem sich das Urteil selber fällt. Ich verhalte mich nicht mehr wie der Anwalt eines Standpunktes, der dessen Berechtigung unter Aufbietung geeigneter Gedanken zu erweisen sucht. Ich bin vielmehr so etwas wie ein Notar, der aufnimmt, was sich vor seinen Augen von selbst vollzieht. Die Urteile gehen immer weniger von mir aus. Ich habe den Eindruck, daß sie auf mich zukommen. Sie vollziehen sich selbst. Und doch habe ich nicht den Eindruck, ihnen unfrei gegenüberzustehen. Meine Freiheit wächst mit dem Umfang der Wirklichkeit, in der ich mich denkend bewegen kann. –

Urteilen war also zunächst als eine individuelle Tätigkeit zu beschreiben. Aufgrund der dargestellten Erfahrungen bei dieser Tätigkeit wird Urteilsbildung aber auch sozial bedeutsam. Dies sei nun noch etwas näher betrachtet.

Urteile fördern Gemeinschaft,
Standpunkte behindern sie.

Zur sozialen Bedeutung der Urteilsbildung

Erkennen bedeutet nach allem vorigen, sich nicht von persönlichen Vorlieben leiten zu lassen. Wirkliches Erkennen führt über die Person mit ihren Meinungen und Vorstellungen hinaus. Inwiefern die Begegnung mit anderen Menschen dazu beiträgt, wurde im Zusammenhang mit dem dialogischen Prinzip beschrieben. Hier sei nun umgekehrt gefragt: Wie wirkt sich Urteilsbildung auf den Gemeinschaftsprozeß aus?

Urteilen ist immer auch „be-urteilen". Damit bewegt sich der urteilende Mensch im sozialen Raum. Was zunächst eine reine Erkenntnisleistung zu sein schien, beruhend auf der Unterscheidung von Meinung (Standpunkt, Vorstellung usw.) und begrifflichem Denken (Zusammenhang, Ursachen usw.), zeigt sich hier in seinen unmittelbaren, lebenspraktischen Konsequenzen. Wo die Zusammenarbeit nicht funktioniert, wo es gar zu Konflikten kommt, wird man bei genauerer Betrachtung oft finden können, daß am Anfang die Verwechslung von Meinung und Urteil stand, das „Mißverständnis". Meinungen sind Bewußtseinsinhalte, die mit meiner Person zusammenhängen und nur scheinbar die Welt betreffen, über die sie sich ergießen. Sie sind als solche nicht sozialfähig. Natürlich gibt es soziale Strategien, um miteinander auszukommen, ohne die Meinungsebene zu verlassen, z.B. die „Flexibilität". Man identifiziert sich mit seinen Meinungen nur so lange, wie dies nicht allzu großen Anstoß erregt oder offensichtlich mit der Wirklichkeit in Widerspruch steht. Man überwindet jedoch nicht die Meinungsebene als solche, sondern man richtet sich in ihr ein und hält sich in ihr „beweglich". (Flexibilität dieser Art sollte nicht verwechselt werden mit „beweglichem Denken".) Zweifellos macht wechselseitige Flexibilität im Bereich der Meinungen und Standpunkte das Leben erträglicher. – Eine weitere Strategie ist der „Kompromiß". Wenn hinter dem Programm einer Partei möglichst viele ihrer Mitglieder stehen sollen, so ist das nur möglich, wenn niemand darauf besteht, seine ganz spezifische eigene Meinung wiedergegeben zu finden (das gleiche kann auch bei Kollegiumsbeschlüssen der Fall sein). Dabei kann es leicht geschehen, daß ein Parteiprogramm (oder ein Beschluß) aus Meinungen besteht, die niemand in dieser Form hatte. Es sind Kompromisse, hinter denen niemand wirklich steht. Kompromißfähigkeit ist im täglichen sozialen Umgang selbstverständlich eine schätzenswerte Tugend. Sie ist, ebenso wie die Flexibilität, notwendig und sinnvoll, um sich im Bereich der Standpunkte bewegen zu können. Mit Urteilsbildung aber hängt das alles nicht zusammen. Bei einer Kompromißkultur stehenzubleiben, wäre für eine Arbeitsgemeinschaft kompromittierend. Kompromisse leben davon, daß jeder versucht, möglichst viel von seiner eigenen Ansicht in das gemeinsame Ergebnis einzubringen. Dieses Ergebnis hat dann viel mit Macht, oft aber wenig mit Wahrheit zu tun.

Je genauer ich meine Meinung zum Ausdruck zu bringen vermag, desto genauer produziere ich im Andersdenkenden die Widerlegung meiner Meinung. Wäre ich still gewesen, wäre der Widerpart reiten oder baden gegangen, jetzt schreibt er aber einen fulminanten Artikel. Ein Artikel mit meiner Meinung weckt fünf mit der Gegenmeinung.

Martin Walser

Bei Urteilsbildungen hingegen ist das anders. Das begriffliche Denken ist allen Menschen *in gleicher Art* zugänglich, soweit sie sich nur zu ihm erheben. Im Denken ist es möglich, den anderen Menschen zu verstehen, selbst wenn man nicht seiner „Ansicht" ist. Man kann sich z.B. dafür interessieren, *warum* der andere zu seinem (dem meinigen so entgegengesetzten) Standpunkt gekommen ist. Natürlich werden auch auf der Meinungsebene rationale Argumente eingesetzt – aber nur, um die eigenen Ansichten zu verteidigen. In einer fortgeschrittenen Urteilskultur kommt das Denken der beteiligten Menschen selbst in einen Zusammenklang. Gemeinschaft entsteht dann nicht durch Nivellierung der mitgebrachten Ansichten, sondern im Gegenteil: durch Steigerung der individuellen Denktätigkeit. Dabei taucht hinter den Gedanken eine Erfahrung auf, die man seit Platon und Aristoteles als den „intuitiven Geist" (nus) beschreibt (Dietz 1989). Durch ihn ist zu erleben, wie die Gedanken der einzelnen Menschen bei all ihrer Verschiedenheit einer gemeinsamen Ideenwelt entspringen. Die unversöhnlichen Gegensätze auf der Meinungsebene erscheinen hier als verschiedene Aspekte eines umfassenden Gedankens. Diese individuellen Aspekte können sehr verschieden sein. Ich kann aber die Gedanken jedes anderen verstehen, weil ich den gleichen Zugang zur Ideenwelt habe.

Das Geheimnis der Idee

Auf dem Weg von der zweiten zur dritten Stufe, von der Sach-Orientierung zur Ideen-Orientierung, begegnen mir manche Hindernisse. Ich muß Kraft aufwenden, um sie zu überwinden. Das betrifft zum Beispiel die folgenden Ansichten, die unserem Zeitalter als Selbstverständlichkeiten gelten:

> ▷ Denken ist seinem Wesen nach intellektualistisch und damit nicht wirklichkeitsgemäß. Alles, was über eine sub-

jektive Ordnung der Welt hinauszugehen versucht, ist Illusion.

▷ Zum Handeln braucht man andere Antriebe und Fähigkeiten als solche, die im Denken liegen; denn Denken ist seiner Natur nach handlungsfeindlich.

▷ Moralität muß ganz woanders herkommen als aus der Erkenntnis.

▷ Was „das Gute" ist, muß ich mir von anderen (kirchlichen, gesellschaftlichen usw.) Instanzen offenbaren lassen. Ich kann das Geoffenbarte akzeptieren oder nicht und habe schließlich auch eine gewisse Auswahl, aber ich kann hier nicht selbstschöpferisch tätig werden.

▷ Ethik ist prinzipiell eine Norm-Wissenschaft. Ich brauche normative Vorgaben.

▷ Auch die Sinnfrage, die ich für ein selbständiges Handeln nicht ausblenden kann, muß von höheren Instanzen, jedenfalls nicht aus individueller Erkenntnis, vorgegeben werden.

▷ Der Mensch ist so, wie er ist. Er ist determiniert und nicht entwicklungsfähig.

Die Überlegungen zum Beratungsprozeß haben gezeigt, wie wichtig es ist, sich einer Idee erkennend zuzuwenden, sie auszugestalten und zu vertiefen. Dazu sind einige Voraussetzungen zu erfüllen. Zunächst einmal muß man es überhaupt bemerken, wenn eine Idee „kommt", und man muß sie „festhalten". Das ist nicht selbstverständlich. Denn je unvermischter mit anderem (z. B. Vorstellungen) eine Idee auftritt, um so weniger ist sie sprachlich faßbar und begrifflich geprägt (Kühlewind 1991). Woran kann ich sie dann erkennen? Zum Beispiel daran, daß sich mir bereits bekannte Einzelheiten schlagartig in einem Zusammenhang zeigen, als wäre ein Schleier vor der Wirklichkeit weggerissen. In aller Regel ist das Auftreten einer Idee – im

Gegensatz zum definierten Begriff – auch mit der Entwicklung seelischer Wärme verbunden. Es wird dabei „warm ums Herz". Und schließlich kann es geschehen, daß ich mich vom Auftreten einer Idee zu Taten angeregt fühle, noch bevor ich die Idee ganz begriffen habe. Das Problem neuzeitlicher Rationalität, „von des Gedankens Blässe angekränkelt" (Shakespeare, Hamlet) nicht zum Handeln zu kommen, tritt hier nicht auf. Die Idee ergreift Denken, Fühlen und Wollen, ohne identisch mit einem davon zu sein. – Zum Bemerken und Festhalten der Idee gehört, daß ich vor „Abstraktionen" nicht zurückscheue. Diese entfernen mich scheinbar vom praktischen Leben, und ihr Erscheinungsbild ist oft ein wenig dürr; aber hinter ihnen kann sich geistige Wirklichkeit verbergen. Lerne ich, mich in gegenstandsfreien Gedankengängen zu bewegen, so wächst die Chance, darin das ideelle Element leichter zu bemerken. Es gehört zur Eigenart der Idee, daß sie möglichst rasch in eine konkrete Form drängt. Ihr nicht selten bildhaftes Auftreten macht sie mit dem verwechselbar, was oben als „Vorstellung" charakterisiert wurde. Diese Vorstellung aber kommt von der anderen Seite; sie ist ein inneres, seelisch festgehaltenes Bild aus der Welt der sinnlichen Erfahrung. Die Idee beruht auf geistiger Erfahrung, ist aber geeignet, in die Welt der sinnlichen Erfahrung eingebracht zu werden und diese zu verändern. Ist sie erst einmal entfaltet, so kann sie von vielen aufgegriffen werden. Das alles fördert die Verwechselbarkeit mit der Vorstellung. Trifft man, bei sich oder bei anderen, auf eine Vorstellung, so wird man sie zunächst daraufhin befragen müssen, wo sie herkommt: Kommt sie aus der sinnlichen Erfahrung (Erinnerung) oder ist sie eine konkretisierte Idee? Um diese Unterscheidung sicher treffen zu können, bedarf es der Übung. Aber sie ist wichtig, sonst geschieht zum Beispiel das Folgende: Ein Beispiel wird gegeben, um die Idee durchscheinen zu lassen. Dieses Durchscheinen wird jedoch nicht bemerkt, sondern man stürzt sich auf das Beispiel selbst, das nun seinerseits kommentiert wird, als sei es die eigentliche Fragestellung. Was als Fall-Beispiel gemeint war, ist zur Beispiel-Falle geworden. – Erkenntnisarbeit hat zum Ziel, zu einem Gemeinsamen zu kommen. Dabei entfernt man sich nicht selten von der Lebenswirklichkeit und ergeht sich im Prinzipiellen. Man gerät in eine Theorie-Falle. – Die Arbeit an der Idee benutzt die unterschiedlichen Vorstellungen, um gemeinsam das Gemeinsame (die Idee selbst) zu suchen. Dazu bedient man sich notwendigerweise der Sprache, aber hier lauert die nächste Gefahr: Ideen sind als solche nicht sprachlich formulierbar. Worte sind nur Hinweise auf die Ideen. Das Denken der Ideen selbst ist wortlos. Wer für sich selbst zwischen Worten und Gedanken nicht trennen kann, ist im Umgang mit Ideen hilflos. Das dialogische Element ist geeignet, im Verlauf der Worte die Idee immer klarer durchscheinen zu lassen. Dialog ist ein Begegnungsort für Ideenfindung. Er ermöglicht gemeinsame Arbeit im Ideenbereich.

Im Auftreten der Idee liegt ein Paradoxon: Es geschieht schlagartig und stiftet zugleich Zusammenhang. Das griechische Wort für das Auftreten der Idee (epibole, Aufschlagen) charakterisiert dieses schlagartige Auftreffen, die lateinische Übersetzung (intuitio, Anschauen) charakterisiert mehr, daß die Idee die Wirklichkeit neu beleuchtet. Das Zusammenhangschaffende gilt, von der Idee ausgehend, für jede Art von Denken. Gedanken bilden ihrer Natur nach einen Zusammenhang, der keine Grenzen kennt. Wer *einzelne* Gedanken denkt, hat nur nicht weitergedacht. Wie aber geschieht dieses Weiterdenken? Gemeinhin ist man bestrebt, die einzeln auftretenden Gedanken und Vorstellungen durch Über- und Unterordnung zu systematisieren. Gelingt dies, dann steht am Ende ein System, das den Vorzug haben kann, über alles Subjektive erhaben, sozusagen „wasserdicht" zu sein. Das hat jedoch oftmals den Nachteil, daß man mit einer so gefundenen Wahrheit lebensmäßig wenig anfangen kann. Es ist deshalb fruchtbarer, den Zusammenhang auftretender Einzelgedanken woanders zu suchen als im System: in ihrem gemeinsamen Ursprung, der Idee. Von einer Gemeinsamkeit der Ideenwelt zu sprechen, klingt abgehobener, als es in Wirklichkeit ist. Man kann sich das in Kürze so klar machen: Betrachten mehrere Menschen ein und dasselbe Bild, so

„sehen" alle dasselbe. Versuchen sie, sich gegenseitig ins Bewußtsein zu heben, was sie sehen, so zeigt sich sehr bald: jeder sieht etwas anderes. Jeder entdeckt etwas anderes als der Nachbar, gewichtet anders, sieht andere Beziehungen. Trotz des gemeinsamen Blickes auf denselben Gegenstand ist dasjenige, was gesehen wird, höchst individuell. Das Gleiche gilt auch für kompliziertere Sachverhalte. Was die einzelnen denken, klingt verschieden, ja widersprüchlich. Hat man überhaupt dasselbe im Blick? Bei geduldiger Verständigung stellt sich oft heraus, was das Gemeinsame ist und auch dann noch bleibt, wenn es von verschiedenen Seiten betrachtet wird. Es kommt nur darauf an, nicht zu früh „aufzugeben"! Diese Betrachtungsart hat aber noch ein weiteres Geheimnis: Jeder kann auch das sehen, was der andere sieht, von dessen Blickwinkel aus. Dadurch erscheint das, was auf den ersten Blick wie gegensätzlich erscheint, in Wirklichkeit als Verschiedenheit der Blickwinkel auf eine gemeinsame Sache (Dietz 1996, S. 71ff.). Berücksichtigt man nun noch, daß nicht nur jede Sache ihre verschiedenen Aspekte hat, sondern daß auch die Betrachter ganz verschieden veranlagt sind, so erhöht sich die Vielfalt noch einmal beträchtlich. Der eine ist geneigt, mehr die Einzelheiten herauszugreifen, der andere sieht mehr die Zusammenhänge. Ein dritter hat einen Sinn für verborgene Hintergründe, ein vierter erwägt die Konsequenzen des Gesehenen gleich mit. Ein fünfter schätzt nur, was sich rechnen läßt, ein sechster gerade umgekehrt das Unberechenbare. Was auf den ersten Blick wie eine bunte Vielfalt erscheint, macht in Wirklichkeit den Reiz des Gesprächs aus: durch diese Vielfalt hindurch das Gemeinsame zu suchen. Bei der Betrachtung eines Bildes scheint das keineswegs utopisch. Warum sollte es bei der Betrachtung einer nichtsinnlichen Wirklichkeit anders sein? Ich brauche dabei keineswegs von dem festen Glauben auszugehen, daß hinter all den Vorstellungen und Gedanken ein gemeinsamer ideeller Ursprungsbereich liegt. Ich muß dies lediglich als Hypothese zulassen – einstellen wird es sich als Erfahrung dann von selbst. Gehe ich von der Subjektivität alles Vorstellens und vom Traditionscharakter denkender Verknüpfung aus, dann wird es viel schwerer sein, den Ideenbereich zu bemerken. Denn ich leugne vorweg, was ich erst erkennen will. Oder anders gesagt: Ich eliminiere durch Vorurteil, was ich der Erkenntnis nicht zugänglich machen will. Ich *kann* dann nicht erkennen, weil ich nicht erkennen *will*. (Das gilt nicht umgekehrt: nicht alles, was ich erkennen *will*, *kann* ich auch erkennen!) Ich kann mein Denken in mehrfacher Hinsicht einsetzen: Ich kann damit Verschiedenartigkeiten vereinfachen und damit für mich handhabbar machen (Abstraktion); ich kann bedrohliche Vielfalt durch Systematisierung bewältigen; ich kann mein Denken einsetzen, um etwas zu bewirken (gestaltendes Denken). Will ich Ideen ergreifen und pflegen, so muß ich außerdem noch die Frage stellen: Welche Ebene von Wirklichkeit kann ich durch mein Denken *erleben*? Ich muß dann nur dafür sorgen, daß meine Vorurteile die Wirklichkeit nicht verstellen, daß das Denken nicht wie von selbst, programmatisch abläuft, und daß ich nicht durch vorgefaßte überwertige Ideen (Ideologien) in meiner Denkfähigkeit eingeschränkt werde. In dem Maße, in dem sich die Ideenwelt, aus der die einzelnen ihre Gedanken holen, als gemeinsam erweist, in dem Maße stellt sich auch Einigkeit unter den beteiligten Menschen her, ohne daß sie ihre unterschiedlichen Sichtweisen aufgeben müßten. Denn nur dann, wenn man scheinbar widersprüchliche Aspekte einer Sache gleichzeitig betrachten kann, hat man die volle Wahrheit. In dieser Erfahrung liegt dasjenige, was man „das Geheimnis der Idee" im sozialen Leben nennen könnte.

Eine kleine praktische Nutzanwendung: Hat eine Gesprächsrunde einen Gesprächsleiter, so kann dieser verschiedene Funktionen haben. Oftmals soll (oder kann) er nur die Reihenfolge und Dauer der Voten kontrollieren. Oder er bringt außerdem von Zeit zu Zeit die einzelnen Voten in einen Zusammenhang und faßt Ergebnisse zusammen. Besonders fruchtbar aber ist es, wenn er das „Geheimnis der Idee" kennt und in den vielfältig unterschiedlichen Einzelvoten die *verborgenen* Zusammenhänge ans Licht heben kann, so daß sie jeder sieht. Er muß dazu aktiv mitdenken, sich aber aller persönlichen Vorstellungsbildung ebenso enthalten wie der Systematisierung. Während bei einer Systematisierung der Einzelbeiträge die Disparatheit als solche erhalten bleibt und nur überblickshaft zusammengefaßt wird, hebt sich mit dem Blick auf das „Geheimnis der Idee" die Gegensätzlichkeit in der Regel von selbst auf.

Erkennen dient nicht nur dem Ziel, sich selbst oder die „Welt" kennenzulernen, sondern es dient auch dazu, eine Grundlegung des eigenen Selbst zu finden. Deshalb ist Erkenntnisbemühung über ihre positiven Ergebnisse hinaus ein Akt der Selbstvergewisserung. In der Betätigung eines entsprechenden Denkens gewinne ich inneren Halt, der die gewohnte Abstützung durch „Standpunkte" ersetzt. Wer im wesentlichen aus festgesetzten Standpunkten lebt, dokumentiert damit nur die Größe seiner Unsicherheit. Oder man besteht – zur Sicherheit! – auf konstitutionellen Barrieren (sozialen Strukturen) und kommt über seelische Befindlichkeiten (Betroffenheit) nicht hinaus. Das „Geheimnis der Idee" hat auch in dieser Hinsicht seine Wirkung. Es erschließt nicht nur den Blick in Bereiche der Wirklichkeit, die mir sonst verschlossen bleiben, sondern es erweitert auch die Seele, statt sie abzuschnüren, und es vereinigt die Menschen, ohne deren Individualität anzutasten.

Zum Schluß des Kapitels noch einige Fragen der Selbstprüfung, bezogen auf die drei beschriebenen Stufen (1) Vorstellung, (2) Begriff, (3) Idee:

1. Kann ich für mich akzeptieren, was an mich herankommt?

2. Stimmt in sich selbst überein, was mir als „Welt" (Sachverhalt, Verhalten anderer Menschen etc.) begegnet? Ist es wirklich so, wie es erscheint? Warum ist es so, wie es ist? Wie steht es in Zusammenhang mit anderen Welterscheinungen? Wie stehe ich in diesem Zusammenhang darin?

3. Ist der andere Mensch individuell selbständig? Kann ich
   – unbeschadet gegensätzlicher Auffassungen – in Freiheit
   mit ihm kooperieren?

4. Gibt es einen existentiellen (nicht nur intellektuellen) Zugang zur „Welt"? Wie kann ich im Sinne des Ganzen mit-
   wirken?
   Kann ich zwischen Vorstellung, Urteil und Idee sicher
   unterscheiden?

———

Alle Menschen groß und klein
Spinnen sich ein Gewebe fein,
Wo sie mit ihrer Scheren Spitzen
Gar zierlich in der Mitte sitzen.
Wenn nun darein ein Besen fährt,
Sagen sie, es sei unerhört,
Man habe den größten Palast zerstört.

Goethe, West-östlicher Divan

———

Es muß nicht unbedingt jeder
jeden möglichen Fehler selbst gemacht haben.

8.

BASISWISSEN

Die beiden letzten Kapitel (8, 9) haben einen anderen Charakter als die vorausgehenden. Nach einem Einleitungskapitel über den grundlegenden Wandel, um den es in diesem Buch geht (1), folgen vier Kapitel über die Sozialprozesse, durch welche das Strukturdenken abgelöst wird. Dann handeln zwei Kapitel von der inneren Kraft, die dazu nötig ist (6, 7). Bevor ich mich in das Abenteuer der Selbstverwandlung stürze, möchte ich wissen, wohin die Reise geht. Das wurde in den vorigen Kapiteln beschrieben. Ich möchte aber auch wissen, welche Gefahren auf dem Wege lauern könnten und welche Ausrüstung ich brauche. Davon handeln die beiden folgenden Kapitel.

Wer in einer Gemeinschaft verantwortlich handeln will, muß wissen, was man wissen kann und was die anderen wissen. Man muß auch wissen, was einem *nicht* gefällt und worauf man sich selbst auf keinen Fall einlassen will. Wissen und Erkenntnis – das wurde im vorigen Kapitel dargelegt – sind von „Mögen" oder „Nichtmögen" deutlich unterscheidbar. Es kann deshalb auch nicht darum gehen, sich Wissen etwa nur von dem anzueignen, was einem von vornherein gefällt.

Wissen gehört zur Ausgangsposition der eigenen Entwicklung. Ich muß meinen eigenen Kenntnisstand kennen, wenn ich ihn verbessern will. Ich muß meine eigene Gemütsart kennen, wenn ich sie verwandeln will. Und schließlich muß ich die Gesetzmäßigkeiten derjenigen Welt kennen, in der ich gestaltend

tätig sein will. Dadurch lassen sich außerdem manche Probleme
vermeiden, bevor sie entstehen; und über vieles, was dann doch
eintritt, könnte man sich die Aufregung sparen: man hätte gar
nichts anderes erwarten dürfen. Unangenehme „Überraschun-
gen" wären oft absehbar. Manche Fehler, die andere schon gemacht haben, muß man nicht auch selbst noch einmal machen –
vorausgesetzt, man durchschaut sie. Wer sich einmal eingesteht,
wieviel Aufregung, Schrecken oder Angst im Rückblick un-
nötig waren, der weiß die Bedeutung des vorgängigen Wissens
einzuschätzen. „Für Unerwartetes offen sein" ist, wie oben beschrieben, eine wichtige Kraft des Dialogischen. Sie setzt aber
voraus, daß man weiß, was man erwarten kann. Unvoreinge-
nommenheit zu pflegen heißt nicht, jede Selbstverständlichkeit
zu bestaunen.

Basiswissen gilt es vornehmlich in den nachfolgend beschriebenen Bereichen zu erwerben. Vor Anzahl und Komple-
xität der Themen braucht niemand zu resignieren. Innerhalb einer Arbeitsgemeinschaft ist hier Arbeitsteilung möglich. Niemand muß sich in allem auskennen.

Ziele und Zeitgeist

Wer die Züge des Zeitgeistes unbeachtet läßt, bleibt von ihnen
doch nicht unberührt; er durchschaut sie nur nicht. Die verborgenen Bewußtseinsstrukturen unseres Zeitalters wirken weit in
uns selbst hinein. Eine ständige Erkenntnisbemühung in dieser
Hinsicht verhindert, daß man sich durch Illusionen von der
Wirklichkeit isoliert. Zur Erläuterung: Seit Mitte der 60er Jahre hat sich die tiefenpsychologische Denkart (Freud und Nach-
folger) ebenso durchgesetzt wie der Grundzug der Marxschen
Gesellschaftslehre. Ansichten, die ursprünglich auf Freud und
Marx zurückgehen, sind seit längerer Zeit selbstverständlich
geworden, oft jedoch ohne Kenntnis ihrer Herkunft und ihres
gedanklichen Umfeldes. So hat etwa die Sozialgeschichts-

schreibung längst auch ins „bürgerliche" Lager Eingang gefunden. Es dürfte wohl zu den spannendsten Fragestellungen überhaupt gehören, welchen Ursprungs diejenigen Denkweisen sind, derer wir uns heute wie selbstverständlich bedienen. – Seit den 70er Jahren ist das Bewußtsein für die natürliche „Umwelt" in breiten Kreisen erwacht. Die Älteren erinnern sich daran, daß es vorher so gut wie keine Rolle spielte. Die Jüngeren können kaum verstehen, daß es solche finsteren Zeiten noch vor kurzem gegeben haben soll. Auf der einen Seite wurde der Umweltgedanke inzwischen in technische Handhabbarkeit umgemünzt (Katalysatoren, Filter usw.). Man kann dann einfach so weiterleben wie bisher. Auf der anderen Seite geriet Ökologie in einen Gegensatz zur „Ökonomie" und nahm teilweise fundamentalistische Züge an. Wie weit beruht das eine wie das andere auf wirklicher Verantwortung gegenüber der Zukunft der Erde? Wie weit ist es nur beflissene Redeweise zur Verbrämung der eigenen Angst vor schleichender Selbstvergiftung? – In den 80er Jahren traten positive Versuche zu neuer Gesellschaftsgestaltung hervor, alternative Kultur, alternative Ökonomie und alternative Lebensweise. Auch davon ist manches inzwischen zur „Masche" geworden. Wer in manchen Kreisen ernst genommen werden will, muß Staatsverdrossenheit zur Schau stellen, ein gewisses Maß an persönlichem Chaos pflegen und sich bestimmten Denkverboten fügen. Andererseits werden seit damals in nennenswertem Umfang Formen der Zusammenarbeit erprobt, die man zunächst „herrschaftsfrei" nannte, die aber inzwischen auch für die etablierte Industriegesellschaft wichtig geworden sind (davon zeugt z. B. das Thema dieses Buches). Wer heute einen verantwortungsvollen Beruf ergreift, kann sich fragen: Tue ich dies, um meine persönlichen Eigenheiten besser ausleben zu können; um mich so, wie ich bin, „selbstverwirklichen" zu können? Oder betreibe ich eine Veränderung der Gesellschaft hin zu mehr individueller Ideenfähigkeit und Initiative? – Inzwischen ist ein Zeitalter der „neuen Spiritualität" mit unterschiedlichen Erscheinungsformen angebrochen. Auch hier gibt es Klärungsbedarf, in wieweit man sich durch die Hinwendung zum „Geist" eigentlich nur von der Wirklichkeit zu befreien versucht, wie weit etwa „Karma" als Ausflucht vor persönlicher Verantwortung dient; oder wie weit es um geistige Kraftentfaltung geht, durch die das Leben individuell wie gesellschaftlich verändert werden kann. „Esoterik" als raffinierte Selbstverwirklichung und Flucht vor der bösen Welt – oder als Versuch, die Wirklichkeit in ihren wesentlichen Zügen überhaupt erst zu erreichen? Bleibt dabei vielleicht *wirkliche* Esoterik leicht unbeachtet, die nicht Gurus nachläuft oder auf Zitatstelzen daherkommt, sondern ihr Handeln in konkrete Situationen einfügt und sich allgemein-menschlicher Sprechweise bedient?

Dies alles sind nur Stichworte, um zu zeigen, worum es vor dem Hintergrund des „Zeitgeistes" gehen kann. Es dürfte aber deutlich sein, in welchem Umfang eine Klärung des bewußtseinsgeschichtlichen Standorts der Gegenwart zur individuellen Selbsterkenntnis und zu den Voraussetzungen gesellschaftlichen Handelns gehört. Die Zielsetzungen für das eigene Handeln, von deren Bedeutung oben schon gesprochen wurde (Kapitel 4), sind ohne bewußtseinsgeschichtliche Orientierung nicht wirklich zu leisten.

Führungstechnik

Die neue Unsicherheit im Hinblick auf Führungsstile und Führungstechniken erzeugt eine wachsende Flut von Literatur und einen immensen Seminarbetrieb. Vieles davon ist wohl nur alter Wein in immer neuen Schläuchen. Aber es gibt auch Goldkörner (z. B. Senge 1997, Sprenger 1995, Covey 1997). Unabhängig davon kann es nur nützlich sein, sich von Zeit zu Zeit einen Überblick über die gängigen Führungstechniken zu verschaffen. Auch wenn man die meiste Munition aus diesem Arsenal nicht selbst verschießen will, ist es sinnvoll, sie zu kennen. Man ist dann zumindest selbst weniger anfällig dafür, manipuliert zu werden. Und an dem Ungenügen, das man empfindet, wird um so deutlicher, was man auch selbst noch nicht so recht leisten kann.

Gesprächsführung

Auch über Gesprächsführung wird heute viel nachgedacht. Im Zuge der kollegialen Führung bekommt sie eine herausragende Bedeutung. Gelegentlich gibt es dabei bedeutende Entdeckungen im Bereich der künstlerischen Gesprächsführung (Schmelzer 1985, Zimmermann 1992). Zu den grundlegenden Techniken gehören aber auch die „Knüppel", die man sich gegenseitig, bewußt oder unbewußt, zwischen die Beine wirft, z. B:

1. Maximalforderungen.
   Ein eingebrachter Vorschlag wird von anderen dadurch zur Strecke gebracht, daß man ihn ins Unerfüllbare ausdehnt.

2. Das Gegenteil davon: Banalisierung.
   Jemand beschreibt etwas und die Antwort ist: „Das machen wir doch schon längst!"

3. Killerphrasen, wie erwähnt („zu teuer", „geht nicht", „haben wir noch nie gemacht").

4. Problematisierung von Details, nicht selten mit Hilfe von Gelehrsamkeit. Man hält sich an einer Einzelheit auf und behindert damit den Fortgang jeglichen Gedankens.

5. Das Gegenteil davon: die Ausuferung ins Prinzipielle, die vom eigentlichen Gesprächsgegenstand wegführt, zum Beispiel durch Moralisieren.

6. Die Artikulierung persönlicher Betroffenheit oder das sture Pochen auf „persönliche Erfahrung" blockieren oft

jedes weitere Vorgehen (und werden auch dazu einge-setzt).

7. Ablenkung auf ein anderes Thema, nicht selten auf dem Umweg über ein Detail oder durch

8. Widerspruch gegen Dinge, die niemand behauptet hat. Das erzeugt entweder Ratlosigkeit oder gegenstandslosen Streit („um Kaisers Bart").

9. Das Gegenteil davon: die Demonstration größtmöglicher Offenheit; man läßt alle Ansichten ausführlich herein, ohne sie aufeinander zu beziehen oder überhaupt darauf einzugehen. Was scheinbar ganz „sozial" aussieht, ist auf Verpuffung jeglichen Gedankengangs angelegt.

Wird solches systematisch betrieben, so spricht man auch von verschiedenen „Spielen":

▷ Verlierer-Gewinner-Spiel (falsche Aussagen bei anderen feststellen),

▷ Ideen-Killer-Spiel (Korrektur oder Abschießen der Ideen anderer),

▷ Schwarzer-Peter-Spiel (bei Problemen wird nach dem Schuldigen gesucht statt nach Lösungen),

▷ Diva-Spiel (die Höhe des sozialen Ranges bestimmt, ob eine Idee richtig ist),

▷ Kompetenz-Spiel (Arroganz von Experten/Führungskräf-ten. „Feuern" auf Vorschläge von Laien),

▷ Blinde-Kuh-Spiel (Vorgehen ohne Problemlösungsstrate-gie),

▷ Profilierungs-Spiel (Viel Reden wird mit Kompetenz gleichgesetzt) (Stroebe 1995, S.50).

Auch einfache Grundregeln der Körpersprache sollte man kennen. Vor längerer Zeit habe ich einmal mit einem Menschen ein Gespräch geführt, der von Beruf Unternehmensberater war. Er machte sich einen Spaß daraus, mir zu signalisieren, was meine Körpersprache (im Unterschied zu meinen Worten) erkennen ließ. Ich hielt seine Deutungen zwar für ziemlichen Unsinn, aber mir wurde dabei schlagartig klar, was andere denken, ohne es wie dieser freundliche Mensch auch auszusprechen. Die Deutung der Körpersprache ist inzwischen so ausgefeilt und ihre Anwendung so gängig geworden, daß man auf Grundkenntnisse kaum verzichten möchte – unabhängig von ihrer Seriosität. Man muß auch hier wissen, was andere wissen, selbst wenn es gar nicht stimmen sollte.

Öffentliches Wirken

Worauf habe ich zu achten, wenn ich öffentlich wirken will? Wie müssen Mitteilungen, die die Presse erreichen sollen, gestaltet sein? Wie gestalte ich Informationsmaterial für Interessenten (Kunden, Eltern usw.)? Aber auch: Wie spreche ich mit Menschen, die nicht die gleichen Informationsvoraussetzungen haben wie die Mitglieder meiner Arbeitsgemeinschaft? Mit anderen Worten: Wie gestalte ich den Prozeß der „Transparenz" über den eigenen Kreis hinaus? – Auch hierfür gibt es viele Gesichtspunkte und Techniken, die es zu kennen lohnt. Werden sie gänzlich vernachlässigt, ist das Quelle für zahllose Mißverständnisse und Vorwürfe. Ich habe einmal erlebt, wie jemand dem Vertreter einer Organisation deren „Intransparenz" vorwarf – und dieser wußte gar nicht, was damit gemeint sein könnte.

Menschenkenntnis

Einer möglichst großen Offenheit gegenüber dem anderen Menschen und dem Interesse für sein Denken und Fühlen muß eine gewisse Menschenkenntnis zur Seite treten. Gerade in einer kollegial veranlagten Zusammenarbeit schlägt die Persönlichkeitsstruktur der einzelnen unmittelbar in die Gemeinschaft selbst hinein. Wer bei der Vereinbarung einer Zusammenarbeit (z. B. bei der Einstellung) sich *nur* von allgemeiner Menschenliebe und der Hoffnung auf das Werdende im anderen Menschen leiten ließe, hätte rasch eine soziale Hölle entfesselt. Es muß beurteilt werden, gegebenenfalls mit dem Gesprächspartner zusammen, welche Fähigkeiten und Unfähigkeiten vorliegen und was noch entwickelt werden kann. Ich muß unterscheiden können zwischen originell und neurotisch, zwischen spirituell und schizoid. Ich muß aber auch erkennen, ob jemand innerlich stagniert und nur durch Außenreize („Motivation") dazu gebracht werden kann, Neues aufzunehmen; und ob er das, was er zu können glaubt, auch wirklich kann. – Hierzu gibt es eine Fülle brauchbarer Literatur, die vielfach auch das Nötigste in Kurzform enthält (z.B. Treichler 1993; Hesse/Schrader 1996).

Organisationsentwicklung

Es hat sich bewährt, für Wirtschaftsunternehmen vier Entwicklungsphasen zu unterscheiden. Die erste ist die „Pionierphase", personenbezogen, autokratisch, mit direkter Kommunikation und improvisierendem Arbeitsstil. Die Mitarbeiter sind eine „große Familie". Sie haben oft persönliche Beziehungen untereinander und zum Kunden. Die zweite Phase heißt „Differenzierungsphase". Das Unternehmen ist so groß und unübersichtlich geworden, daß es eine geordnete Struktur braucht. Sie entsteht durch Mechanisierung, Standardisierung, Spezialisierung,

Koordination und Formalisierung. Hier tauchen Probleme auf, wie z.B. Erstarrung durch Bürokratisierung, innere und äußere Verselbständigung der Abteilungen (Koordinationsprobleme), das Abnehmen der Motivation und der persönlichen Produktivität. Es muß eine neue Phase in der Unternehmensentwicklung herbeigeführt werden, die „Integrationsphase". Hier geht es um interne und externe Beziehungspflege, Ausrichtung auf gemeinsame Ziele, Prozeßsteuerung und permanente Personalentwicklung. Schließlich hat Glasl diesen drei seit längerem bekannten Phasen eine vierte hinzugefügt, die für die heutige Zeit von zunehmender Bedeutung geworden ist. Er nennt sie „Assoziationsphase". Hier geht es darum, das Unternehmen nicht nur für sich allein zu betrachten, sondern in seine Umwelt eingefügt zu sehen. – Über die vier Phasen, ihre inneren und äußeren Zusammenhänge kann man sich heute hervorragend aufklären (Glasl/Lievegoed 1993).

Entscheidend ist nun, daß diese Phasen auf die Formen der Zusammenarbeit, um die es in diesem Buch geht, *nicht* anzuwenden sind! Schon Lievegoed warnt eindringlich davor, sie auf „Institute des Geisteslebens" anzuwenden. Für Organisationen des Geisteslebens unterscheidet er drei andere Phasen: „Phase der Initiative", „Wachstumsphase", „Phase des Blühens" (Lievegoed 1988, S. 5 – 9). Soweit er damit zugleich Gruppenprozesse beschreibt, sehe ich dies etwas anders. Aber darauf kommt es hier nicht an. Entscheidend ist vielmehr: Sowohl einer Führungskonferenz in einer Einrichtung des Geisteslebens als auch dem geschäftsführenden Kreis eines Wirtschaftsunternehmens müssen die inneren Qualitäten, die für die Pionierphase ausschlaggebend sind, *immer* innewohnen. Keine Unternehmensführung kann es sich leisten, das Innovative und Initiative der Pionierphase einzubüßen. Das wird oftmals nicht genügend gesehen, auch nicht in Einrichtungen des Geisteslebens. Die Frage lautet hier: Wie bewahren und steigern wir auch dann, wenn das Unternehmen größer und unübersichtlicher wird, die individuellen geistigen Zugriffe? Hier das Heil in der Etablierung von Strukturelementen zu suchen, wäre ein grundlegender Fehler (Dietz 1996, S. 11ff.). Je mehr Mitarbeiter einer Organisation – über den Leitungskreis hinaus – im Zuge einer „dialogischen" Führung selbständig handeln, um so mehr müssen auch den pionierhaften Zugriff in sich lebendig halten.

Warum ist es trotzdem wichtig, die vier Phasen der Organisationsentwicklung für Wirtschaftsunternehmen zu kennen? – Aus zwei Gründen: Man weiß dann, worum es bei der Bemühung um Führungskreise als solche *nicht* geht. Und vor allem: Man weiß, was eintritt, wenn die eigene Bemühung nicht fruchtet. Erlahmt die Initiative, dann droht wie von selbst der Fall in die Strukturierung, Bürokratisierung, Verrechtlichung, und dann setzen die verzweifelten Bemühungen ein, da wieder herauszukommen durch Motivationstechniken oder Unternehmensphilosophien. Die aber führen von dem Ziel, Führung durch Herausforderung zur Selbstführung zu leisten, meistens weg (Sprenger 1992).

Konflikte

Zur Bewältigung von Konflikten gibt es heute ebenfalls hervorragendes Material (Glasl 1990, Schwarz 1995). Auch hiervon sollte ein Grundwissen allgemein verbreitet sein. Wer Konfliktlösung betreibt, muß nach den Ursachen des jeweiligen Konfliktes fragen. Dabei kommt man auf Gesetzmäßigkeiten, durch deren Kenntnis sich Konflikte oft schon im Vorfeld vermeiden lassen. Dazu gehören zum Beispiel die Typen von Konflikten, die für Konfliktentstehung „gefährlichen Stellen" im Organisationsablauf und die Phasen der Eskalation. Wer auf der ersten Stufe schon merkt, daß ein Konflikt im Entstehen ist, kann vielleicht mit geringen Mitteln Schlimmeres verhindern.

9.

STRUKTUREN IM ÜBERGANG

Die Kunst der Zusammenarbeit besteht darin – so könnte man die Ausführungen dieses Buches zusammenfassen – soziale Prozesse an die Stelle von Strukturen zu setzen (Begegnung, Transparenz, Beratung, Entschluß) und entsprechende individuelle Fähigkeiten auszubilden (Dialog, Stufen geistiger Aktivität). Das bedeutet, um im Bild des Anfangs zu bleiben, eine zweite Galileische Wende im Hinblick auf das Verhältnis zu sich selbst und zu den anderen Menschen herbeizuführen. Will man in bestehenden Einrichtungen die Zusammenarbeit auf dieses Individualitätsprinzip umstellen, so sieht man sich vor ähnliche Schwierigkeiten gestellt wie jemand, der bei fahrendem Wagen die Räder wechseln wollte. Doch gibt es Handhaben, die diesen Übergang erleichtern. Davon handelt das vorliegende Kapitel.

Die Situation ist hier für Wirtschaftsunternehmen anders als für Einrichtungen des Geisteslebens. In Wirtschaftsunternehmen geht es darum, die hierarchische Führung allmählich durch Kooperation zu ersetzen. Möglichst viele Menschen im Unternehmen bekommen Gelegenheit, ihre unternehmerischen Fähigkeiten einzusetzen. Das hat Voraussetzungen. Die Mitarbeiter müssen in die Lage kommen, ihre Weisungsabhängigkeit mehr und mehr aufzugeben, das heißt: die unternehmerischen Fähigkeiten in sich selbst zu entwickeln. Hier geht es um Persönlichkeitsentwicklung in einem ganz ursprünglichen und allgemein menschlichen Sinne. Die beiden Kapitel über das Dialogische und die Stufen geistiger Aktivität handelten von solcher Fähigkeitsbildung. Neben die individuelle tritt jedoch die soziale Anforderung: Wie können die ursprünglich hierarchischen Führungsstrukturen allmählich zu kooperativen werden? Diese beiden Umbildungsprozesse sind nicht voneinander zu trennen, der eine ist die Rückseite des anderen. Wirtschaftsunternehmen gehen deshalb mehr und mehr zu partizipatorischen Führungsstilen über. Der ursprüngliche Alleinherrscher läßt immer mehr Menschen (tendenziell: alle) an seiner Führungskompetenz teilhaben (partizipieren). Der Vorteil der partizipatorischen Führung besteht darin, daß nichts zerbricht, bevor etwas Neues entstanden ist. Eine Schwierigkeit besteht oft darin, daß die im Hintergrund noch wirksame Hierarchie ein wirkliches Selbständigwerden erschwert. Die Hierarchie bleibt jedenfalls so lange in Geltung, bis sie wirksam abgelöst ist. Daneben stehen in fortschrittlichen Unternehmen Schulungsangebote zur Persönlichkeitsentwicklung und Führungsfähigkeit (Praxisbeispiel bei Dietz 1997).

Anders liegt das Problem in Einrichtungen des freien Geisteslebens. Dort bildet in der Regel nicht eine hierarchische Führung den Ausgangspunkt. Vielmehr geht es darum, aus strukturell unbefriedigenden Zuständen (im Extremfall Chaos oder Gruppenwillkür) zu individuell gestalteten, effizienten Sozialprozessen zu finden. Dieser Seite des Problems dienen die folgenden Überlegungen.

Viele Menschen, die in Einrichtungen des Geisteslebens tätig sind, fühlen sich überfordert. Alle sind unzufrieden – und es geschieht doch nichts. Woran könnte das liegen? – Es gibt da wohl mehrere Gründe:

1. Man ist sich nicht klar über die Ursachen der Unzufriedenheit.
2. Man setzt sich Ideale, läßt diese aber in Theorien gefrieren und schreckt dann vor der Realisierung seiner eigenen, übermächtig erscheinenden Vorstellung zurück.
3. Man sieht nicht den Zusammenhang zwischen energischer Willensentwicklung und geduldiger Beharrlichkeit in der Durchführung.

Wo also könnte die Veränderung einsetzen? – Dazu im folgenden fünf Anregungen.

Kleine Führungsgruppen

Wie bereits dargelegt, bedeutet das Kollegialprinzip der Führung gerade nicht, daß alle Fragen im großen Kreise entschieden werden. Basisdemokratische Anwandlungen in dieser Hinsicht führen nach kurzer Zeit zum Chaos oder zu offenen oder heimlichen Diktaturen. Deshalb geht es zuerst einmal darum, kleine Führungsgruppen zu schaffen. Zwei Personen sind dabei günstiger als drei oder mehr, da dann nicht ständig formelle Besprechungszeiten vereinbart werden müssen. Man kann sich im Gang oder am Telefon leicht verständigen. Damit wächst die Flexibilität und Effizienz. Wichtig ist, daß Kompetenz und Verantwortung dieser kleinen Gruppe genau und für alle erkennbar bestimmt wird, daß die Gruppe auf Zeit berufen und ihre Berufung von allen mitgetragen ist, notfalls durch qualifizierte Mehrheitsentscheidung. Wichtig ist auch, daß alle Beauftragungen (auch solche zu speziellen Bereichen) mit Entscheidungskompetenz ausgestattet sind. Delegationen ohne Entscheidungskompetenz sind der Anfang unendlicher Sitzungen, in die – nach einem bekannten Wort – viele hineingehen, bei denen aber wenig herauskommt. Entscheidung heißt – daran sei hier erinnert – vorher die ausführliche Beratung mit allen, die es angeht, gesucht zu haben.

Besonders wichtig ist eine kleine Verantwortungsgruppe im Hinblick auf „Personalfragen". Wie werden neue Mitarbeiter gefunden, wie werden die Verträge gestaltet, wie werden die Mitarbeiter begleitet und wie kommt es notfalls auch zu einer Trennung? – Neue Mitarbeiter können sich nicht vom ersten Tag an vollständig mit dem Unternehmen identifizieren. Sie müssen langsam hineinwachsen. Niemand sieht darin ein Problem. Aber nach einiger Zeit ist der „Neue" nicht mehr neu.

Und möglicherweise stellen sich erst dann auch die Probleme ein. Hier scheitern oft die Kollegien, soweit nicht – wie in Wirtschaftsbetrieben – hinter der Kollegialität noch ein hierarchisches Weisungsrecht im Hintergrund lauert, das gerade bei Personalproblemen reaktiviert werden kann. Ist man auf reine Kollegialität angewiesen und sitzt man gar noch in großer Runde mit dem entsprechenden Kollegen zusammen, dann ist die Schwierigkeit unausweichlich. Entweder man ist geneigt, alle Unfähigkeiten des entsprechenden Kollegen zu decken (schließlich ist man ja auch selbst nicht fehlerfrei), oder es kommt zu diktatorischen Machenschaften. Nehmen wir ein Beispiel: Dem Mitglied eines Schulkollegiums werden von Elternseite massiv fachliche oder didaktische Unfähigkeiten nachgewiesen. Das erste, was hier passieren kann, ist, daß gar nichts passiert. Man kehrt das Problem lieber unter den Tisch und bedeutet den Eltern eher, sie sollten sich nicht einmischen (was diese sich mit Recht nicht lange gefallen lassen werden). Oder einem Teil des Kollegiums kommt der Vorfall gelegen, da er den entsprechenden Kollegen immer schon gerne loswerden würde. Man hat jetzt die Gelegenheit gefunden, die man schon länger gesucht hat. Sachlich mag das ja manchmal gerechtfertigt sein, der Ablauf hinterläßt aber doch einen schalen Beigeschmack. Und bei Licht betrachtet wird sich das verantwortliche Gremium von einer Mitverantwortung nicht freisprechen können. Zwar ist der Skandal jetzt *öffentlich* geworden, die Unfähigkeit des Kollegen besteht aber seit langem, und die meisten kannten sie. Hätten da nicht früher Begleitmaßnahmen ergriffen werden müssen, zum Beispiel durch einen Mentor? Deckt man also die Unfähigkeit eines Kollegen schon deshalb, weil man sonst Führungschaos eingesteht? Es fehlte vielleicht schon bei der Einstellung an Menschenkenntnis, oder man ging leichtsinnig mit dem „Vorleben" des Kandidaten um, so daß er jetzt die gleichen Schwierigkeiten hat, die er vorher auch schon überall hatte. Natürlich ist es sinnvoll, jedem in einer neuen Umgebung auch eine neue Chance zu geben. Aber das darf gewiß nicht blauäugig geschehen,

Wird – wie zu hoffen ist – Individualismus als Führungs-prinzip angestrebt, so muß mit einem neuen Mitarbeiter darüber zusätzlich gesprochen werden. Er muß die Zielsetzung erfahren und Gelegenheit haben, sie mit seinen eigenen Intentionen in Einklang zu bringen. Es wird nicht genügen, daß der Neue „da-mit einverstanden ist", sondern er muß den Anforderungen auch gewachsen und das heißt vor allem: er muß lernfähig sein. Wer Englisch unterrichten will, muß selbst Englisch können und nicht nur eine Lektion weiter sein als die Schüler. Wer sich als Schularzt bewirbt, darf keinen Ekel vor Läusen haben. Anforde-rungen *dieser* Art sind selbstverständlich. Es gilt aber darüber hinaus, auch die sozialen Standards mitzuteilen und zum Ge-genstand der Vereinbarung zu machen, zum Beispiel:

▷ Bei uns wird rechtzeitig, rasch und ausführlich informiert über alles, was andere Kollegen, Eltern und Schüler be-treffen könnte.

▷ Bei uns werden keine überstürzten oder gar einsamen Beschlüsse gefaßt. Es wird ausführlich beraten, und die Beschlußfassung geschieht in einem getrennten Akt. Für die gefaßten Beschlüsse wird individuelle Verantwortung übernommen.

▷ Unsere Sinnfindungs- und Zielsetzungsgespräche haben im Augenblick einen bestimmten, näher zu beschreiben-den Stand.

Auf Bewußtseinsbildung dieser Art kommt es besonders dann an, wenn in der Einrichtung das angestrebte Ziel nicht voll ver-wirklicht ist und die Intentionen sich noch nicht immer in den tatsächlichen Abläufen wiederfinden lassen. Im Sozialen sind die ernsthaft angestrebten Ziele oft wichtiger als die tatsächlich vorgefundenen Verhältnisse. Zukunft kann entscheidender sein als Vergangenheit.

Auf jeden Fall darf Mitarbeiterführung nicht einfach spurlos unterbleiben, nur weil alle Mitarbeiter tendenziell auch Führende sind (was de facto sowieso selten stimmen dürfte). Hier wird jeder Verantwortliche eine innere Entscheidung treffen müssen: Denke ich unternehmerisch und habe ich die Zukunft der ganzen Einrichtung im Blick, oder pflege ich insgeheim eine Angestelltenmentalität, die geneigt ist, sich von vornherein mit jedem „Kollegen" zu solidarisieren und ihn gegenüber dem „Arbeitgeber" (wer immer das sein mag) in Schutz zu nehmen.

Bedenkt man diese Aufgabenstellung genau, so geht es nicht darum, wer in Personalfragen mitsprechen „darf", sondern eher darum, wer für eine gewisse Zeit die Verantwortung für das Fortkommen des Ganzen übernimmt. Wer das tut, bringt möglicherweise ein Opfer gegen seine persönliche Neigung. Wenn Entsprechendes aber nicht geschieht, dann werden verhängnisvolle Gesetzmäßigkeiten wirksam. Die Unzufriedenheit wächst, bis nach und nach die Fähigen gehen und diejenigen übrig bleiben, die woanders niemand mehr haben will. Was dann noch folgt, kann sich jeder selbst vorstellen.

Prozeßbegleiter

Um die besprochenen Sozialprozesse (Begegnung, Transparenz, Beratung, Entschluß) und ihre Realisierung im allgemeinen Bewußtsein zu verankern, kann es sinnvoll sein, für eine Übergangszeit einen Kollegen damit zu beauftragen, das Funktionieren dieser Prozesse besonders wahrzunehmen. Er ist mit der Kompetenz auszustatten, in das Geschehen einzugreifen, wenn Prozesse nicht optimal laufen. Er hat aber kein Weisungsrecht in sachlicher Hinsicht. Das heißt: *wie* entschieden wird, ist nicht seine Sache. Aber er hat darauf zu achten, daß bis hin zur Durchführung alles ordentlich läuft. Er hat für Transparenz zu sorgen, die es jedem ermöglicht, sich am Gesamtgeschehen zu beteiligen; er hat auch den Blick auf dasjenige zu werfen, was *nicht* geschieht, aber geschehen müßte (z. B. ausbleibende Gespräche über Leitideen). Er hat die Rechtzeitigkeit von Beratungs- und Entscheidungsprozessen anzumahnen, und er wird sich um eine ständige Verbesserung der Prozeßabläufe kümmern. Er ist auch externer und interner Ansprechpartner für alle diesbezüglichen Fragen, wenn zum Beispiel eine Entscheidung getroffen wurde und jemand nicht weiß, wie sie zustande kam.

Durch die Tätigkeit eines solchen Prozeßbeauftragten dürfte bereits der größte Teil aller Unzufriedenheiten und Querelen zu vermeiden sein. Einige Beispiele: Wenn ein Schüler wegen seines Verhaltens von der Schule gewiesen wird und selbst Mitglieder der „Internen Konferenz" nicht genau erfahren können, wie diese Entscheidung zustande kam, dann bleibt ihnen nur noch, sich eine andere Arbeit zu suchen (was im gegebenen Fall auch geschehen ist). – Wenn jemand zur Vorbereitung der Mitgliederversammlung eines Vereins einen satzungsmäßig vorgesehenen „Antrag" rechtzeitig stellt, und dieser Antrag auf der Versammlung gar nicht erwähnt wird, kann man verstehen, daß dieses Mitglied auf der Versammlung selbst sein Anliegen in polemischer Form vorträgt. Der angegriffene Vorstand nimmt ihm das jedoch übel. Das ist subjektiv ebenfalls verständlich, denn er wußte im vorliegenden Fall von diesem Antrag nichts. Es stellt sich nachträglich heraus, daß der an den Vorstand gerichtete Antrag in der Verwaltung des Vereins „liegen blieb", ohne ein Vorstandsmitglied zu erreichen. Ob das mit oder ohne Absicht geschah, ist nicht leicht zu klären. Aus der Sache wird eine schwere Verstimmung, denn die einen (Vorstand) fühlen sich zu Unrecht in der Versammlung angegriffen, der andere (antragstellendes Mitglied) sieht sein Recht mit Füßen getreten. Wie beides zusammenhängt, stellt sich erst einige Zeit nach der Versammlung heraus. Niemand hat sich um sofortige Transparenz bemüht. Es müßte aber auch rückwirkend noch möglich sein, durch Klärung der verunglückten Prozesse zu einer Verständigung zu kommen. Nur darf diese Bemühung nicht unterbleiben. – Ein weiteres Beispiel: Wird die Abwesenheit eines Kollegens dazu benutzt, um in der Konferenz Abträgliches über ihn zu äußern, so ist das nicht nur ein Faux pas desjenigen, der solche Reden führt, sondern es wäre ein Fehler der ganzen Runde, dies zuzulassen. – Oder: Es gibt verschiedene, durchaus qualifizierte Bemühungen, die aber unkoordiniert verlaufen. Ein Kreis beschäftigt sich mit bestimmten pädagogischen Fragen, ein anderer mit Sparmaßnahmen. Wenn beide nach längerer Zeit ihre Ergebnisse vortragen, wird bemerkt, daß diese nicht zusammen passen. Die einen haben etwas entwickelt, was eine Investition erfordern würde, die anderen mußten sich dazu durchringen, sogar den laufenden Haushalt zu kürzen. Diese für beide Seiten unersprießliche Situation, durch die sich ein großer Arbeitsaufwand als nutzlos herausstellt, wäre durch frühzeitige Koordination vermeidbar gewesen.

Sehr häufig dürfte es auch vorkommen, daß Verfahren einfach „steckenbleiben". Man fängt etwas an, anderes kommt dazwischen, und man hält es nicht durch. Paßt man nicht auf, dann verfügt eine Einrichtung nach kurzer Zeit über eine größere Sammlung solcher steckengebliebener Vorgänge. Da nun eine ungeklärte Sache mit der nächsten zwangsläufig in Verbindung steht, entsteht bald ein unentwirrbares Knäuel von Ausweglosigkeiten und führt zu allgemeiner Hilflosigkeit. Man ist betroffen oder wütend, kann aber das Knäuel nicht mehr leicht entwirren. Niemand kann das als einzelner, und die Gemeinschaft hat sich dazu ebenfalls als unfähig erwiesen.

Eine weitere häufig anzutreffende Fehlhaltung ist es, daß ein Verfahren nicht von vornherein allen Beteiligten gegenüber offenliegt. Wie wird eine Arbeitsordnung oder Schulordnung erstellt, wer verabschiedet sie und wie wird sie mitgeteilt? Diese Fragen müssen *allen* gegenüber klar sein, auch wenn nur eine kleine Gruppe mit der Ausarbeitung befaßt ist. Wird hier gegen die Transparenz verstoßen, so sind sogar wesentliche Voraussetzungen moderner Rechtsstaatlichkeit berührt, die auch innerhalb einer Einrichtung nicht außer Kraft gesetzt werden können.

Aus Furcht vor den skizzierten Zuständen könnte man leicht in den entgegengesetzten Fehler verfallen, nämlich alle nur denkbaren Fälle vorab bis in die einzelnen Prozeßabläufe zu regeln. Man entwirft dann ein umfangreiches Satzungswerk, das für den einzelnen kaum noch Spielraum läßt, dessen Vollzug formale Leerläufe bewirkt und das am Ende den konkret auftretenden Problemen doch nicht gewachsen ist. Prozesse laufen nicht einfach ab, sondern sie müssen gestaltet werden. Unterbleibt dies, so ist es in der Regel kein böser Wille, sondern meistens wohl eine Kraftfrage. Der Schwung, mit dem eine Sache angefangen wurde, erlahmt. Die Lösung eines Problems, das damit verschleppt wird, ist aber eine Voraussetzung für die weitere Zusammenarbeit. In der Entwicklung und Beachtung konsequenter Verfahren liegt deshalb eine wesentliche Führungsaufgabe. Ein Prozeßbeauftragter, der sie für eine Übergangszeit wahrnimmt, hat vor allem drei Aufgaben:

1. Die bestehenden Verfahrensabläufe bewußt zu machen;

2. die Prozesse in der erwähnten Weise zu gestalten bzw. zu bewachen;

3. sich selbst nach einiger Zeit überflüssig zu machen, das heißt: zur Bewußtseinsbildung des gesamten Kollegiums beizutragen.

Der Prozeßbegleiter hat also eine wichtige Aufgabe für das Ganze. Seine Arbeit ist umfangreich. Sie ermöglicht es, Gesamtzusammenhänge im allgemeinen Bewußtsein zu behalten, und verhindert zugleich zentralistische Tendenzen. Im übrigen bleibt ihm selbst überlassen, *wie* er seine Aufgabe erfüllen will, ob er sich zum Beispiel innerhalb oder außerhalb der Einrichtung ständige Gesprächspartner sucht o. ä.

Rückschau und Spiegelung

Soll ein Arbeitszusammenhang ohne zentrale Direktion funktionieren, so kann – ebenfalls für eine Übergangszeit – noch

eine weitere strukturelle Maßnahme ergriffen werden, die den
Umgang mit Problemen und ihrer Entstehung betrifft. Ob mit
dieser Aufgabe ein einzelner oder eine kleine Gruppe beauf-
tragt wird, kann dahingestellt bleiben, auch die Frage, ob Per-
sonalunion mit dem Prozeßbegleiter sinnvoll ist oder nicht.
Das hängt von den jeweiligen Gegebenheiten ab. Worum geht
es? – Trotz aller Bemühung werden Probleme irgendwelcher
Art nicht ausbleiben. Der Umgang mit auftretenden Problemen ist jedoch eine wichtige Qualitätsfrage in einer Arbeitsgemeinschaft. Dabei werden häufig grundlegende Fehler gemacht, die leicht zu vermeiden wären. Ein erster Fehler liegt
darin, daß man aufziehende Probleme zu spät erkennt. Problembewußtsein entsteht oft erst dann, wenn der Mangel
schon so weit fortgeschritten ist, daß man ihn nur noch mit
großem Aufwand beheben kann. Wird schon im Vorfeld bemerkt, was sich zusammenbraut, läßt sich vieles häufig vermeiden. Das wurde im vorigen Kapitel bereits erwähnt. Eine
Organisation tut deshalb gut daran, ein *aktives* Problemverhal-
ten zu entwickeln und zum Beispiel folgende Anzeichen ernst
zu nehmen:

1. Traditionsverhalten
   Es geschieht nichts Neues mehr, man arbeitet aus der
   Tradition heraus. Es werden keine neuen Produkte und
   Vorgehensweisen entwickelt. Man lebt von der Substanz.
   Das heißt aber zugleich, man hält mit der Entwicklung
   des Zeitalters nicht Schritt und droht, von anderen überholt zu werden. Was vor dreißig oder vierzig Jahren noch
   fortschrittlich war, gehört heute zum alten Eisen, wenn es
   nicht weiterentwickelt wurde. Handfeste Auswirkungen
   mangelnden Innovationsbewußteins zeigen sich erst erheblich später. Um so wichtiger ist es, das Ausbleiben innovativer Ideen rechtzeitig zu bemerken.

2. Wirklichkeitsverlust
   Man ist manchmal so sehr mit sich selbst, seinen Ansichten und ideologischen Horizontbegrenzungen beschäftigt,

daß sich der Blick auf die Wirklichkeit einschränkt: „Wir" im Gegensatz zu den anderen; man denkt nur noch in den Kategorien gut – schlecht; wer nicht für mich ist, ist ein Ausbund des Schlechten u. ä. – Was sich als Weltsicht ausgibt, ist in Wirklichkeit verbrämte Subjektivität. Wagenburg- oder Bunkermentalität entsteht auf diese Weise ganz unmerklich. Wenn sie in ihren Auswirkungen spürbar wird, ist es oft zu spät.

3. Subjektivierung
   Wie schon erwähnt, tritt die Suche nach einem Schuldigen allzuleicht an die Stelle von Problembewußtsein. Andererseits genügt es nicht, nichts falsch gemacht zu haben. Probleme können trotzdem auftauchen. Auch dafür wurden Beispiele angeführt. Um Pannen und Bedrohungen als Probleme zu erkennen und sie damit in den Bereich der Gestaltbarkeit zu bringen, ist eine Fähigkeit zur übergeordneten Sichtweise nötig.

4. Erfahrungsdefizit
   Wer aus Erfahrung lernen will, muß auch erfahren können, wie sich seine Entscheidungen auswirken; ob Zusagen, auf die man gebaut hat, von anderen eingehalten werden und überhaupt: wie sich die einzelne Beratung und Entscheidung auf das Ganze ausgewirkt hat.

Es kann für eine Übergangszeit sinnvoll sein, einen einzelnen oder einen kleinen Kreis damit zu beauftragen, in regelmäßigen Abständen seine Erlebnisse im Gesamtgeschehen der Organisation zu spiegeln. Eine Kompetenz zum Eingreifen ist, im Unterschied zum Prozeßbegleiter, mit dieser Aufgabe nicht verbunden. Sie besteht darin, Bewußtsein zu bilden. Es braucht aber soziales Geschick, um nicht Menschen „aufzuspießen", sondern Sachverhalte zur Anschauung zu bringen. Der „Spiegelungsbeauftragte" hätte also nicht die Aufgabe, Ursachen herauszufinden, sondern nur die Phänomene ohne Wertung darzustellen, dies aber so offen wie möglich.

Wie wichtig diese beiden Funktionen, Prozeßbegleitung und Spiegelung, für eine Organisation sind, geht schon daraus hervor, daß für beides oftmals ein externer Berater herangezogen wird. Man spricht dann von „Supervision". Supervision hat den Vorzug, daß der herbeigebetene Berater auf jeden Fall kompetent für seine Aufgabe ist. Auf der anderen Seite übernimmt er nur eine Funktion, die auch von Mitgliedern des Kollegiums selbst übernommen werden kann und sogar von diesen auf die Dauer übernommen werden muß, denn sie gehört zu den wichtigsten Funktionen der Führung. Prozeßbegleitung und Spiegelung erst im Konfliktfall zu installieren, ist in der Regel zu spät. Hier bleibt oft nur der externe Supervisor. Aber durch umfassende Wahrnehmung der Führungsaufgaben innerhalb des Kollegiums selbst kann in vielen Fällen die Notwendigkeit vermieden werden, einen Berater von außen beizuziehen.

Evaluation

Weiß man in einer Organisation immer, was „die anderen" darüber denken? Wie denken Außenstehende und wie denken Mitarbeiter und Partner über die Arbeit des Unternehmens? Kann man daraus vielleicht sogar etwas lernen? – Es wird sich lohnen, von Zeit zu Zeit eine offene Beurteilung der Gesamtsituation (also eine Evaluation) von allen Beteiligten zu erbitten. Wichtig ist, daß dies nicht erst geschieht, wenn das Unternehmen notleidend wird (Kunden- oder Schülerschwund), und wichtig ist auch, daß man sich die Meinungen über das eigene Unternehmen nicht aufdrängen läßt, sondern sie *aktiv* erfragt. Verbunden damit wird die Zusicherung, daß alles ernst genommen und, soweit nötig, diskret behandelt wird, und daß man die Ergebnisse mitteilen wird. Bei einer solchen Umfrage geht es nicht nur um negative Eindrücke oder Probleme, sondern auch darum, positive Prozesse hervorzuheben, die es zu verstärken gilt. Es können Fragerichtungen vorgegeben sein, es sollten aber auf jeden Fall auch offene Antworten erbeten werden („Was erscheint Ihnen für die Zukunft am Wichtigsten?" u. ä.). Evaluationen dieser Art haben auch eine seelische Ventilfunktion. Was sich emotional anstaut, kann heraus. Aber es geht um wesentlich mehr, nämlich um geistige Anstöße zur Beteiligung aller an der Weiterentwicklung des Ganzen. Furcht vor solchen offenen Umfragen wäre unbegründet. Vielleicht erfährt man dabei Unangenehmes – aber in der Umgebung ist das ja auch ohne diese Umfrage längst im Gespräch! – Vorbereitung, Durchführung und Auswertung geschieht durch einen kleinen Kreis, in dem alle „Gruppierungen" der Einrichtung vertreten sind. Er ist in der Durchführung der Evaluation autonom. Er bereitet die Umfrage gut vor und entscheidet über die Form (offen, schriftlich mit Fragebogen, anonym, Interviews oder Versammlung usw.).

Eine offene Selbst-Evaluation dürfte zusätzliche Maßnahmen zur „Qualitätssicherung" überflüssig machen.

Fortbildung

Eine strukturelle Maßnahme, die unmittelbar in die Prozesse überleitet, ist die Fortbildung. In fachlichen und methodischen Fragen ist eine solche Fortbildung selbstverständlich, sie sollte aber auch auf die Themen Führung und Zusammenarbeit ausgedehnt werden. Sinnvollerweise kommt man hier auch mit Mitarbeitern anderer Unternehmen zusammen – eine zusätzliche Chance. Als Themen kämen z.B. in Betracht:

▷ Selbstverwandlung als Basis zur Führung.

▷ Führungsformen und -anforderungen der Gegenwart.

▷ Das Miterleben des Zeitenschicksals: die Zeitlage und der Widerspruch, den sie in mir selbst erzeugt.

▷ Schulung der Dialogfähigkeit innerhalb und außerhalb der Organisation.

▷ Die fünf Haltungen des Dialogischen: Wie sind sie zu entwickeln?

▷ Innere und äußere Voraussetzungen für eine „lernende Organisation".

"Im praktischen Leben wird man kaum einen Menschen finden, welcher, wenn er nach Berlin fahren will, den Zug in Regensburg verläßt. Im geistigen Leben ist das Aussteigen in Regensburg eine ziemlich gewöhnliche Sache. Manchmal will sogar der Lokomotivführer nicht weiter fahren, und die sämtlichen Reisenden steigen in Regensburg aus. Wie viele, die Gott suchten, blieben schließlich bei einer geschnitzten Figur stehen! Wie viele, die Kunst suchten, blieben an einer Form hängen, die ein Künstler für seine Zwecke gebraucht hat, sei es Giotto, Raffael, Dürer oder van Gogh!"

Kandinsky 1912, S. 142

DIE STUFEN DES INDIVIDUALISMUS

Eine erste Schwierigkeit für das Verständnis des Individualismus als Sozialprinzip liegt darin, daß man sich unter „Individualismus" zunächst nur eine subjekt-bezogene Denk- und Lebensform vorstellen mag (siehe Kapitel 1). Im Rückblick auf die Ausführungen dieses Buches können nun deutlicher verschiedene Stufen des Individualismus unterschieden werden:

1. Jeder macht, was er will, so weit und so lange man ihn gewähren läßt.
2. Der einzelne bringt in das Ganze ein, was ihn bewegt.
3. Der einzelne bezieht in den Gemeinschaftsprozeß ein, was die anderen bewegt.
4. Der einzelne identifiziert sich mit dem Ganzen.

Auf diesen Stufen ergeben sich spezifische Aufgaben:

1. Ich versuche, Interesse für den anderen Menschen zu entwickeln. Überhaupt versuche ich, alles Neue, auch das Ungewohnte, aktiv *aufzunehmen*.

2. Was mich bewegt, wird mit der Wirklichkeit des Ganzen konfrontiert. Meine eigenen Belange treten dabei ggf. zurück. Ich bemühe mich, die Wirklichkeit in umfassender Weise aufzunehmen und tätig zu *ertragen*.

3. Um die Anliegen der anderen einbeziehen zu können, muß ich meine Lebenshaltung *verwandeln*. Erst dann kann gemeinsam gesucht werden, was noch nicht vor Augen steht: die Idee. Dadurch bekomme ich zugleich ein neues Verhältnis zu mir selbst.

4. Der alte Gegensatz von „ich" und „die anderen" verschwindet allmählich, wenn ich Verantwortung für die

Gemeinschaft übernehme. Ich fühle mich mit den anderen Menschen *vereinigt*.

Darin erkennt man die vier Sozialprozesse wieder, deren Abfolge schon einmal beschrieben worden war (Kapitel 5, Ende):

1. Aufnehmen: Begegnung als Kultur des Interesses.

2. Ertragen: Transparenz als Verhältnis des einzelnen zur Wirklichkeit.

3. Verwandeln: Beratung als gemeinsame Suche nach der Idee.

4. Vereinen: Entschluß als Wille zur Verantwortung.

Auf jeder dieser Stufen kann man sich aufgefordert sehen, die als „Haltungen des Dialogischen" bezeichneten Kräfte (Kapitel 6) auszuüben. Damit werden zugleich die Sozialprozesse verwirklicht.

LITERATURVERZEICHNIS

Beck, Ulrich, *Die feindlose Demokratie,* Stuttgart 1995.

Belbin, Meredith, bei: Stuart Cramer, *Die ultimative Managementbibliothek,* Frankfurt 1997.

Brecht, Bertold, *Leben des Galilei, Schauspiel (1938/39),* Frankfurt 1963.

Buber, Martin, *Begegnung, autobiographische Fragmente,* Heidelberg 1986.

ders., *Zwiesprache* (1929) in: Buber, Martin, Das dialogische Prinzip, Gerlingen 19947.

Canetti, Elias, *Die Provinz des Menschen. Aufzeichnungen 1942 - 1972,* (1961), Frankfurt 1984, S. 218.

Covey, Stephen R., *Die sieben Wege zur Effektivität* (1989), Frankfurt 1997[8].

Crisand, Eberhard, *Psychologie der Gesprächsführung* (1982), Heidelberg 1994[5].

Dietz, Karl-Martin, *Die Suche nach Wirklichkeit,* Stuttgart 1988.

ders., *Das Erwachen des europäischen Denkens, Metamorphosen des Geistes*, Band 2, Stuttgart 1989.

ders., *Individualität im Zeitenschicksal,* Stuttgart 1994.

ders., *Gemeinschaft durch Freiheit. Perspektiven für die Zukunft des Geisteslebens,* Stuttgart 1996.

ders., *Selbstentwicklung – die neue Herausforderung im Wirtschaftsleben,* in: R. Benedikter (Hrsg.), Wirtschaft und Kultur im Gespräch, Bozen 1997, S. 94-111.

Dörge, Friedrich-Wilhelm, *Menschenbild und Institution in der Idee des Wirtschaftsliberalismus*, in: Zur Ordnung von Wirtschaft und Gesellschaft, Festschrift E. Heimann, Tübingen 1959, S. 82ff.

Gehlen, Arnold, *Der Mensch, seine Natur und seine Stellung in der Welt* (1940), 1971[9].

Glasl, Friedrich, *Konfliktmanagement. Ein Handbuch für Führungskräfte und Berater,* Bern und Stuttgart 1990[2].

Glasl, Friedrich u. Lievegoed, Bernard, *Dynamische Unternehmensentwicklung. Wie Pionierbetriebe und Bürokratien zu schlanken Unternehmen werden*, Bern und Stuttgart 1993.

Goethe, Johann Wolfgang, *West-östlicher Divan, Goethes Werke,* herausgegeben von E. Trunz, 2. Band, München 1981, S. 102.

ders., *Maximen und Reflexionen*, J. W. Goethe, Sämtliche Werke, Artemis Gedenkausgabe 1977, S. 537, Spruch Nr. 353.

Goleman, Daniel, *Emotionale Intelligenz,* New York 1995, deutsch München/Wien 1996.

Handke, Peter: die Zitate von Handke finden sich bei Walser.

Hartkemeyer, M. und F., Miteinander denken, Stuttgart 1999[2]

Hesse, Jürgen u. Schrader, Hans Christian, *Die Neurosen der Chefs. Die seelischen Kosten der Karriere* (1994), München/Zürich 1996[2].

Kandinsky, Wassily, in: Der blaue Reiter (1912), München 1987[6], S. 142.

Keupp, Heiner, *Zur Einführung. Für eine reflexive Sozialpsychologie*, in: Zugänge zum Subjekt (1993), Frankfurt 1994[2].

Keupp, Heiner u. Höfer, Renate (Hrsg.), *Identitätsarbeit heute. Klassische und aktuelle Perspektiven der Identitätsforschung*, Frankfurt 1994.

Kracht, Thomas, *„Praktische Ausbildung des Denkens"*, in: Wege des Denkens, Konturen Band 7, Stuttgart 1996, S. 57-77.

Kroeber-Riel, Werner, *Konsumentenverhalten*, München 1992[5].

Kühlewind, Georg, *Der sprechende Mensch. Ein Menschenbild aufgrund des Sprachphänomens,* Frankfurt 1991.

Kuhn, Thomas S., *Die Struktur wissenschaftlicher Revolutionen,* 1962.

Leber, Stefan, *Geistesstreben und Sozialform. Die Faktoren der Freiheit und Macht (I)*, in: Das Goetheanum vom 2.11.1997, S. 413.

Lievegoed, Bernard, *Über Institutionen des Geisteslebens,* Dornach 1988.

Mohl, Alexa, *Der Zauberlehrling - das NLP Lern- und Übungsbuch* (1993), Paderborn 1997[6].

Peale, Norman Vincent, *Die Kraft des positiven Denkens* (1952), Zürich 1990.

Pindar, *Zweite pythische Ode, Vers 72.*

Rogers, Carl R., *Therapeut und Klient. Grundlagen der Gesprächspsychotherapie* (1977), Frankfurt 1996[3].

ders., *Entwicklung der Persönlichkeit. Psychotherapie aus der Sicht eines Therapeuten* (1961), Stuttgart 1991.

Sauer, Angelika (Hrsg.), *Betriebskultur. Führen im Dialog,* Heidelberg 1989.

Schmelzer, Albert, *Das Gespräch in Sitzung und Konferenz – ein soziales Übfeld,* in: Erziehungskunst, April 1985, S. 237-247.

Schwarz, Gerhard, *Konfliktmanagement. Sechs Grundmodelle der Konfliktlösung* (1990), Wiesbaden 1995[2].

Senge, Peter M., *Die fünfte Disziplin. Kunst und Praxis der lernenden Organisation* (1990), Stuttgart 1997[4].

Sprenger, Reinhard K., *Mythos Motivation. Wege aus einer Sackgasse* (1991), Frankfurt/Main, New York 1992[2].

Sprenger, Reinhard K., *Das Prinzip Selbstverantwortung. Wege zur Motivation,* Frankfurt 1995[2].

Sprenger, Reinhard K., *Aufstand des Individuums,* Frankfurt 2001

Stroebe, Rainer W., *Kommunikation II. Verhalten und Techniken in Besprechungen,* Heidelberg 1995[6].

Teichmann, Frank, *Die Kultur der Empfindungsseele,* Stuttgart 1990.

ders., *Die Kultur der Verstandesseele,* Stuttgart 1993.

ten Siethoff, Hellmuth, *Mehr Erfolg durch soziales Handeln. Gesprächsführung, Konfliktlösung, Gemeinschaftsbildung in Alltag und Beruf.,* Stuttgart 1997[2].

Treichler, Markus, *Sprechstunde Psychotherapie,* Stuttgart 1993.

Walser, Martin, *Vormittag eines Schriftstellers,* Frankfurt 1994.

Zimmermann, Heinz, *Sprechen, Zuhören, Verstehen in Erkenntnis- und Entscheidungsprozessen,* Stuttgart 1992[3].

FRIEDRICH VON HARDENBERG INSTITUT FÜR KULTURWISSENSCHAFTEN
HEIDELBERG

Veranstaltungen zum Thema dieses Buches:

Seminare, z.B. zu:

- ☐ Ausbildung des Denkens
- ☐ Fragen der Selbsterkenntnis und Selbsterziehung
- ☐ biographischen Fragen
- ☐ zeitgemäßer Spiritualität.

Seminare in Unternehmen und Organisationen, z.B. zu:

- ☐ Persönlichkeitsentwicklung und Arbeitsgemeinschaft
- ☐ Führung als Selbstführung
- ☐ Dialogische Führung.

Informationen:

Friedrich von Hardenberg Institut
für Kulturwissenschaften

Hauptstraße 59, 69117 Heidelberg

Telefon 06221 / 28485
Telefax 06221 / 21640

email: info@hardenberginstitut.de
www.hardenberginstitut.de